男儿到死心如铁
辛弃疾词传

鸿雁 著

图书在版编目 (CIP) 数据

男儿到死心如铁：辛弃疾词传 / 鸿雁著 . -- 北京：北京联合出版公司 , 2019.8
ISBN 978-7-5596-3415-3

Ⅰ . ①男… Ⅱ . ①鸿… Ⅲ . ①辛弃疾（1140-1207）—传记②辛弃疾（1140-1207）—宋词—诗歌欣赏 Ⅳ . ① K825.6 ② I207.23

中国版本图书馆 CIP 数据核字（2019）第 142552 号

男儿到死心如铁：辛弃疾词传

著　者：鸿　雁
责任编辑：牛炜征
封面设计：韩立强
责任校对：李翠香
美术编辑：盛小云

北京联合出版公司出版
（北京市西城区德外大街 83 号楼 9 层　100088）
北京市松源印刷有限公司印刷　新华书店经销
字数 200 千字　880 毫米 ×1230 毫米　1/32　7.5 印张
2019 年 8 月第 1 版　2019 年 8 月第 1 次印刷
ISBN 978-7-5596-3415-3
定价：36.00 元

未经许可，不得以任何方式复制或抄袭本书部分或全部内容
版权所有，侵权必究
本书若有质量问题，请与本公司图书销售中心联系调换。电话：010-58815825

前言 PREFACE

　　开禧三年（1207年）10月3日这天，南宋词人辛弃疾走完了他生命的最后一程，临终之时，嘴里还在喊着："杀贼！杀贼！"回首他的一生，从青葱的少年到沧桑的中年再到满面尘霜的暮年，他都没能实现金戈铁马、沙场点兵的梦想。高高庙堂上，栖居着他的理想，而这栖息寄居之地，终究不是他的归宿。梦想丰腴，现实寒瘦。繁华褪尽，一切不过是虚无缥缈的烟云，一吹便散。

　　虽然被流年辜负，他历经了失败、打压、挫折、寂寞、痛楚，但他的身上具有一股强大的力量，敢于在沧桑的尘世中一如既往，不改初心。就如同那柄日日擦洗，一直明光可鉴、寒气逼人的宝剑，随时等待着出鞘的那一刻。

　　辛弃疾（1140—1207），原字坦夫，改字幼安，别号稼轩。他生于金宋乱世之中，年少时就加入抗金义军，甚至不惜千里追击，手刃叛徒。归宋后，他一心抗战，力主收复中原，并献上良策，随时准备马革裹尸而还，但因为与当政派政见不合，屡次遭到调任、弹劾，最终退隐山居，作词抒怀。他的词以豪放为主，风格沉雄豪迈又不乏细腻柔媚之处，题材广阔又善化用典故，既有家国大爱，又有儿女情长；既有豪情万丈，又有柔肠百结；既有凌云之志，又有生活意趣。他以武起身，却终成文业，与苏轼并称"苏辛"，被誉为"词中之龙"。

世人皆知词分婉约与豪放两派，李清照与辛弃疾分别站在两座山的巅峰。才情、爱情、忧情是李清照的三个标签，才情绚烂了她的整个花季，爱情是她最经典的传奇，忧情氤氲了她整部《漱玉词》，故而，女儿家的姿态临水照影，婉约得让人销魂。而辛弃疾在词的分水岭，亦绽出了令人惊叹的璀璨光芒。泼墨挥洒，白纸落字，不消几笔，便能道尽胸中况味。家国之恨，壮志难酬，失意平生，几乎占满了方形的纸张。悲中带壮，壮中又含泪，如一朵铿锵的玫瑰，又似沙漠中的一株仙人掌，豪放得让人鼓掌也让人惋惜。

本书在参考大量史料的基础上，再现了辛弃疾传奇的一生，并结合其不同时期的经历，对其词进行了情感化的解读。他的人生从来不是无疾而终的逗号，那衔着理想盘旋而飞的执着，那旷迈与细腻并存的稼轩词，已然成为惊艳了尘世的感叹号。千年之后的今天，史书中的南宋那一页已经泛黄，而辛弃疾词中的字句，却变得越来越清晰。

目录
CONTENTS

第一章 樽俎风流有几人

齐鲁儿郎,少年英雄 \ 3

两赴燕京,侦察敌情 \ 10

一路向南,义无反顾 \ 16

桃花正红,情到深处 \ 22

第二章 无言谁会凭栏意

壮志难酬,美芹十论 \ 31

梦想正盛,无处安放 \ 37

越是艰难,越是坚定 \ 44

蓦然回首,灯火阑珊 \ 52

知交零落,聚散匆匆 \ 58

把酒问月，几度月圆 \ 64

可惜流年，忧愁风雨 \ 71

● 第三章
后夜相思月满船

词中之龙，侠骨柔情 \ 81

青山依旧，江水东流 \ 88

蛾眉见妒，闲愁最苦 \ 95

盛夏光年，终是错过 \ 100

匆匆过客，过眼云烟 \ 106

后会无期，孤影自怜 \ 112

● 第四章
稻花香里说丰年

意倦须还，带湖风月 \ 121

稻花飘香，蛙声一片 \ 126

归隐不甘，出仕不能 \ 133

孤舟浪起，梦携西子 \ 139

半生流离，被迫归去 \ 145

英雄相惜，一生知己 \ 152

第五章 十年瓢泉一场梦

醉里看剑，梦战沙场 \ 161

宦海沉浮，戒掉梦想 \ 168

浊酒一杯，今夕何夕 \ 176

爱到深处，选择放手 \ 183

十分佳处，白发归耕 \ 189

第六章 铁马冰河入梦来

高山流水，知音难觅 \ 197

回头万里，故人长绝 \ 204

此生回首，暮年悲歌 \ 208

烈士暮年，壮心不已 \ 215

历史云烟，万事消散 \ 222

第一章 樽俎风流有几人

齐鲁儿郎，少年英雄

都说最无忧的时光，是少年时。然而对于辛弃疾来说，却并非如此。

尚在幼时，他便常听到祖父辛赞悠长的叹息。虽然感受不到"北宋旧臣"这顶帽子有多沉重，但当祖父充满期许的眼神落在自己身上时，他便知晓他的路，定然会循着祖父的希冀，一步步向前，无论前方是荆棘遍布，还是鲜花铺路，他都得走下去，不能停，也不愿停。

辛氏一族的故乡，是风光秀丽、多出明贤的齐鲁大地。据《济南辛氏宗图》所载，辛氏始祖是生于北宋年间的辛维叶，二世为辛师古，三世为辛寂，直到影响辛弃疾一生的人物辛赞，皆在朝中为官，且忠心耿耿。正如宋人罗愿在诗中所道，"辛氏世多贤，一姓古所夸"，实为中肯之言。

后人如若记得震慑长安的"安史之乱"，便不会忽略颠覆汴京的"靖康之变"。前者使唐代情势急转直下，天朝帝王从龙椅上摔了下来。而后者更甚，不仅仅给史书添了一抹耻辱的灰色，更像是一把刺死北宋的匕首，让时代陡然出现了一个无法填补的缺口。半数的人跌落深渊，殒了性命；而另一半人则站于裂口的边上，摇摇欲坠。

金国的旌旗插上了北方的领土，金兵俘虏了宋徽宗、宋钦宗父子后，北宋国破，君王沦为阶下囚。此时，有骨气的文人似乎都应该沉河投缳，誓死不仕新朝，仿若只有如此，方才不辜负忠君报国的天命。是啊，如若得万世敬仰，就算付出生命的代价又何妨。

然而，或是因为留恋尘世，或是为了日后雪耻，辛赞选择了接受金国授予的职位，虽官位不高，但至少免去了四处流离所要承受的苦。可是，金臣无处不在的防备、周遭人的嫌隙与冷眼，让他觉得这顶乌纱帽戴得并不舒坦。这也难怪，忠臣不事二主，是自古儒士坚守的节操。

辛赞此时已年过五十，见惯了人世沉浮，这个道理他自然懂得。这荒凉世间给予他的这一星半点儿的苦难，他还承受得起。而他苟且于世，也并非世人们想的那样简单。想当年越国的勾践，夫差让他喂马也好，让他看墓也罢，他都默默忍受，最终勾践一举灭吴、血洗耻辱。而今辛赞也愿如此，虽然已至暮年，但他笃定终有一日，会等到收复中原的那一天。

而所有信心源自辛氏一族家门昌盛，后继有人。

宋高宗绍兴十年，即1140年，辛弃疾出生了，此时"靖康之变"已过了十三年。靖康一役好似一场地震，辛弃疾虽然并未处于震中，却终其一生消受着余震。

在他出生那一日，举家欢庆，其父辛文郁自然笑得合不拢嘴，但最为高兴的莫过于辛赞了。此时辛赞已在金国出仕，自家曾经的领地被邻居强行侵占，这也罢了，更为荒唐的是，还要为他国作嫁衣裳，鉴于此，辛赞连梦中都想着收复失地。而今家中添丁，他难免喜极而泣，便为孙子取名为"弃疾"。"弃疾"，幼子健康成长，百病不侵，是所有长辈最朴实、最殷切的愿望。而辛赞并非平庸之人，所想也非平庸之事，孙子茁壮成长再好不过，但绝不止于此。"弃疾"二字当与"去病"相称相对，比拟汉代名将"霍去病"。霍去病多次与匈奴交战，汉军节节胜利，匈奴时时败退，留下了"封狼居胥"的千古佳话。

辛赞给孙子取了这样一个寓意极深、背负沉重的名字，是望他日后能像霍去病保家卫国，成就一番作为。且不说这是不是命运使然，家族的使命已为他设计好了蓝图，而他只管风雨兼程地走下去就好。

在时光的罅隙中，在家人的教诲中，辛弃疾在阳光下疾速拔节，他渐渐知晓了人世冷暖。白昼与黑夜交替，让他的生命也有了节奏,缓缓地通向岁月最为幽深的地方。

铁凝曾说:破碎,是一种完整。因为伤过,哭过,经历过别人无法理解也无法感知的痛楚,苦难只属于自己,所以就连时间也无力泯灭。在辛弃疾两岁时,一代名将岳飞被害,彼时他虽未曾懂事,想必周围人营造出的悲愤也让他心中的某一根弦为之颤了一下。命运多舛,人在生死面前常常无能为力,在他六岁之时,父亲也永远离他而去。不管这个少年是否背得动接二连三的离散,一切才刚刚开始而已。

虽然他出身官宦之家,生活起居相比优于别家孩子,然而这个尴尬的时代,却从未给过他安全感。况且祖父每日若有所思、郁郁寡欢的神情,犹如长笛吹响的一首悲伤曲子,跌宕起伏,吹得辛弃疾心里一阵紧过一阵。于是,他总是盼望着长大,盼望着佩上战刀,杀上战场,用军功来熨平祖父额间愈来愈深的纹路。

他的启蒙教育,是祖父手把手进行的。除却读书识字,更重要的是舞刀练剑。祖父要求得严格,他也学得认真。琅琅读书声与霍霍舞剑声相得益彰,最终祖父仰天长叹,心想辛家后继有人,收复河山再不是遥不可及的痴心妄想。

辛文郁去世后,抚养辛弃疾的担子便压在了辛赞肩上。辛家世代为官,肚中墨水自然不少,但这不足以将辛弃疾培养成一个顶天立地的大丈夫。此时辛赞于亳州为官,恰好文学家刘瞻亦居于此地。

在家人的陪同下，辛弃疾前往柳湖书院拜见刘瞻。聪颖的少年潜心求学，在名师的点拨下，进步极快，他很快读完四书且熟读了六经、训释经解等。他的诗词文章中常常引据经典，即源于此。更为重要的是，刘瞻作诗工于野逸，有意教授辛弃疾田园诗歌的精深之处。故而，辛弃疾壮岁退居上饶之时，吟出了一首首朴素纯粹的田间词作，不过这都是后话了。

本该无忧无虑的少年，却早早地承受祖辈的希冀、时代的创伤。在皇统八年，即1148年时，辛赞在亳州任县令期满，便带辛弃疾来到汴京任职行台尚书省。

七八年间，他随祖父辗转了诸多地方。千山万水的路途披星戴月的烦忧，自有祖父替他承担，而他只管前行便是。不懂离别的痛，也算得上一桩幸事。然而这次的别离，他心中委实有说不出的心酸与委屈。

博学可亲的老师刘瞻、意气相投的同学党怀英与青山绿水萦绕的亳州风景，都成了他年少时光的一抹亮色。然而转眼间，他又随祖父踏上了新的路途，旋即将熟识的人和物甩在了身后。这一切固然使人悲伤，他却从未过问祖父为何总是行走在路上，因为他懵懂地感觉到，祖父心中藏匿着千万把锁，而每把都需要他去打开。

一路向北，经过十里春风、碧荷摇曳的江南，经过阳明昏晓、青嶂红日的齐鲁，旖旎风光醉了少年心。然而，大好景致从靖康之变就划给了入侵者。这好比心爱的玩具被旁人强行抢走，自己只得站在角落默默看着他取乐。曾经给予自己无限欢乐的，不再属于自己。

辛赞这次的目的地是汴京，这儿曾是北宋最为繁华的地方。柳永当年来到这里，看到盛大、富饶、美丽的汴京映入眼帘，感受到的是手忙脚乱的幸福，提笔就是一首赞誉隆宋气象的好词。在《木兰花慢》中，他这样写道："拚却明朝永日，画堂一枕春醒。"

在柳永的词中，汴京是淡妆浓抹总相宜，绝美之人与绝美之景都有着无穷的魔力。然而在辛弃疾的眼中，这份魔力却逊色了许多。毕竟这已不是自家的园地，愈是芳草萋萋、百花争艳，才愈是让人悲愤。想必世人都曾尝过拥有再失去的滋味：酸是次要的，疼才是关键。

翻开辛弃疾的词，会发现他中年时回忆汴京的笔墨。

开元盛日，天上栽花，月殿桂影重重。十里芬芳，一枝金粟玲珑。管弦凝碧池上，记当时、风月愁侬。翠华远，但江南草木，烟锁深宫。

只为天姿冷淡，被西风酝酿，彻骨香浓。枉学丹蕉，叶底偷染妖红。道人取次装束,是自家、香底家风。又怕是,为凄凉、长在醉中。

——《声声慢》

因心态不同,辛弃疾笔下的汴京与柳永的相比,少了些许绮丽与繁华,多了些许苍茫与惆怅,而与王维"秋槐叶落空宫里,凝碧池头奏管弦"的意境相似。当年种植的桂花依旧在如冰似水的月华下,秀出惹人的清影。金粟香彻十里,管弦奏响碧池。一切一如当初,然而这不过是表象罢了,深宫中早已入驻另一代的君王,故土已然易主。

虽然这首词是他在中年所作,但儿时的记忆却未曾如烟般散去。汴京让他瞬间长大。

如果把时光当成一座冰山,而在此时他窥到的也只是一角,那未曾浮出水面的秘密,需要他用一生去探寻。

两赴燕京，侦察敌情

人生有四喜：久旱逢甘霖，他乡遇故知，洞房花烛夜，金榜题名时。前三件喜事，在有生之年，或许人人皆可实现。而金榜题名则如过一座独木桥，桥的这端是一无所有、悬梁刺股的寒窗苦读，而另一端是黄金铺地、玉石为阶的显赫仕途。为了自己日后活得光鲜，也为家族增添荣耀，无数学子用十数年的沉寂，来换一次过独木桥的机遇。

有的人站在独木桥上，每每行到半路，便摇摇欲坠，稍有不慎便掉入水中，被呛得大气不喘后，从此为仕途画上一个不甘不愿的句号。余下的人生或以酒为伴，今朝有酒今朝醉；或以山林为伴，虫鱼花草皆是相知。而最令人瞠目结舌的做法，莫过于柳永"忍把浮名，换了浅吟低唱"。

有少许坚强的人，被打了几个浪头以后，默默地爬上岸，如同树叶一般，积蓄一生的力量，只为换一次绝美的翱翔。东山再起有何惧,身前受苦,身后扬名,人生的天平总是不偏不倚,公平得很。

然而,世间有多少种人,便有多少种活法。这座千人争、万人抢的独木桥,对辛弃疾而言,并没有多大的诱惑力。虽然他亦参加了科举考试,但却是"醉翁之意不在酒"。

关羽当年身在曹营心在汉,纵然曹操以豪华宅院、佳人美酒、锦袍宝马伺候,也未曾让他心中的大旗倾斜毫厘,他只是把投靠曹操,作为寻找刘备的利器而已。辛弃疾也是如此。

在十四岁那年,按祖父的指示,他背上不重的行囊,只身一人来到了金国的心脏——燕京。美其名曰北上应试,实则借机侦察燕京地形。此时功名于他,并无甚关系。祖父已官至五品,辛弃疾完全可以通过荫补入仕,不必为过独木桥而穷尽心血。可他偏偏要过一把在人群中脱颖而出的瘾。

男人自出生之日起,便比女子多了一份占有欲与征服欲。旁人皆有的东西,他们必须有;旁人不曾拥有的,他们为了与众不同,使尽浑身解数也要获得。但是如若把这顶帽子扣在辛弃疾头上,委实是冤枉了他。正值少年时,他也想与邻家孩子一起放风筝、堆城堡,恢复中原的事在他心中,如蒙着盖头的女子,他只知女子美得诱人,却看不清她清晰的模样。但祖父之命重于山,他不敢不从。况且每日餐后祖父指点江山的情形,早已成为烙在他心上的印记，无法磨灭。

与往日的分离不同，这回没有凌迟般的苦痛，也没有漂泊无依的惆怅，就连不舍都无从说起。辛弃疾挥手告别祖父时，从祖父眼眸中看到的光亮，像是有一只萤火虫飞进了子夜。当年岳飞之母在岳飞出征前，于他背上刻下"尽忠报国"四个大字。而今辛赞那闪着莹莹之光的眼神，分明就是一条长鞭，驱赶着他向正义的大道快速前进。

这一切看来，都是辛赞的安排，并无辛弃疾的意志在里面。然而，祖父"裔不谋夏，夷不乱华"的思想已深深植入他的心房，况且汴京风华无限，却被金人强行把持，生灵涂炭，民不聊生，这无论如何也是说不过去的。因此，是到了心里种子发芽开花的时候了。而这次燕京应试之行，恰如一场春雨、一缕春风，让他的稚嫩全部褪去。

事物本身的价值，往往会随人的需求而动。如若世人并不需要，任凭它是金银玉珠也是一文不值。一朝及第仿若一步登天，而对辛弃疾来说，这也不过是天边偶然飘过的一朵绮丽之云，风一吹便散了。故而，当他知晓此次应试以失败告终时，并没有像与他一样落榜的人那样痛哭流涕、一蹶不振。因为他从未想过拥有，也就不会有得不到的可惜。

重要的是，在旁人挑灯夜读、巧妙布阵，欲要抢先过独木桥时，他正穿梭于大街小巷，打探他们的人文与风俗；流连于山林河流，侦察他们攻占与防守的地形。想必辛弃疾做这件事时，心中是怀着无限自豪的。这恰恰与男子的冒险天性相契合，打着为敌人效劳的幌子，深入敌人的领地，获取敌人的信任后，通过自身的奔走以及不知情的人的点拨，一点点掌握情报，只待有朝一日，旌旗一挥，城楼便下。

事物有两面之别，常人往往只看到其中一面，而忽略了另外一面。当辛弃疾以落第之身回到家中时，路人带刺的眼神难免会伤害一个尚未成年的孩子。这也难怪，在那个时代，科举是才能与智慧的试金石，如今铩羽而归，庸才的标签再明显不过。

辛弃疾是悲伤过的，毕竟他还未能练就我行我素的本领。旁人的指摘与苛责，也会给他的心情带来些许晦暗。然而，在这荒凉的时刻，只要有一人懂得便足以温暖他受寒的心。这般说来，世间并非吝啬得令人无法消受，或许有千万人阻挡你去追求，然而一旦有人点头，便会给你义无反顾的力量。辛弃疾就是在这种境遇中，熨平了凸起来的疼痛。

当他将画满密密麻麻路线的行军图递给垂暮之年的祖父时，祖父颤颤巍巍的，像是捧着一个珍贵易碎的青花瓷。这在外人看来犹如废纸的东西，竟惹得祖父老泪纵横。而辛弃疾落第的失望也即刻被狂风卷了去。

青春是肆意张扬而不必计较后果的岁月，那时所谓的理想也只是随着旭日东升、随着夕阳落下的懵懂之景，来得绚丽，走得也潇洒。多数人会在锦瑟年华中闹够了后，选一条最稳妥的路，安安生生走下去，而少年时代说过的要当侠义英雄的话，也好似从未出口过一般。毕竟人生是条单行线，选择只有一次，行走于条条框框之外，难免会一不小心掉入深渊。

辛弃疾则是特殊的存在，他属于家族，属于国家，更属于时代。青春于他而言，只是意味着探险、征服；理想对他来说，便是义无反顾，一往无前。前方是坦途或是悬崖，他都得去闯。外人看来的轰轰烈烈，只有他知晓一切都尚处在岑寂之时。朋友或许也曾问过他，这样的坚持到底累不累，而他心里的天平自会告诉自己值不值。

有怎样的追求便会有怎样的境界，执着的人生大多没有随波逐流来得顺遂，但绝唱往往是用流血的手指奏出。

正隆二年，即1157年，又逢金朝省试。此时辛弃疾十八岁，目光坚毅、炯炯有神。虽然十四岁那年获悉了金国诸多地形，但对于形成一个体系完善的网络，做出严密的计划，以便日后举义，还远远不够。于是，带着祖父的嘱托，他又一次启程。

途中，他路过真定府、定州、保州，最终至涿州。青山、绿水、佳人，他都顾不得欣赏。美的风景于他而言，只是此地鲜艳的保护膜而已，他不得不亲手将其撕下，而直取他想要的东西。

不同于游山玩水的旅人，他是带着使命来的。

与前一次一样，应试只是伪装，他的真正身份则是"间谍"。刺探情报的事，对他而言已是轻车熟路，而极具挑战性的则是如何做到一箭双雕，既取得功名，以证实自己并非平庸之辈，同时又圆满完成祖父交代的任务，以图大业。

选择，便是舍弃。一举两得从来不是容易之事，况且辛弃疾也不是幸运之人。那一年揭榜之时，他又一次名落孙山。幸好这苦痛犹如夏日的一场暴雨，虽来势凶猛，但去得也急。回到家中，当他再次双手奉上绝密的路线图，告知祖父金国详尽的政治、经济状况时，祖父殷切的眼神，恰似正午的阳光，顷刻间便将他照得璀璨而斑斓。

纷乱的世间，有志之士都愿如勇士一般驰骋千里，扬起万丈风尘，削平人间动荡，在史上添上浓墨重彩的一笔，留下或深或浅的痕迹。然而，这也只是一卷尘封的理想罢了，能真正踏上战场、挥斥方遒的人，方圆千百里，又能找到几个。

不知是他选择了寂寞，还是寂寞选择了他，在这条看不清前方又无法回头的路上，他注定要独自漂泊。

一路向南,义无反顾

天水氤氲的秀色江南,仿若心上的诗篇、舌尖的美味。这片能把百炼钢化作绕指柔、把英雄气概都化了儿女情长的土地,被柳永写进《望海潮》中,恰恰成为金朝统治者完颜亮起兵的导火索。一首词竟有这般魔力,不禁令人咂舌。字里行间尽是杭州的柔媚风致,城市的物阜民丰使得这座城市的气质更为饱满,让完颜亮醉倒在这片好似画出来的江山中。

贪婪,从来都是世人固有的本性,而且向来未曾得到的皆是弥足珍贵的。如若对旁人手中之物,生了喜好与艳羡,便会挖空心思夺过来。完颜亮对"三秋桂子,十里荷花"的江南无限向往,动了占领之心。堂堂北宋在他的手中已化为一抔尘土,区区南宋又何足挂齿,况且自在燕京建都以来,他的政权已渐趋稳定。

故而,完颜亮势必要把入了他的眼更入了他的心的南宋江山，揽到自己怀中。修战舰、造兵器、招民兵、征马匹，样样提上日程。正隆六年，即1161年，他亲率军队南侵。人被骄傲填满之后，难免狂妄。当他下达百日灭南宋的号令后，中原的各路举义，无疑甩了他一记重重的耳光。

此时的辛弃疾，失去了给他启蒙与教诲的祖父，在苍茫大海中无处靠岸的他，势必是要抓住"投衅而起"这根救命稻草的。世间就是这般吝啬与慷慨，得到与失去在天平的两端，时刻保持着平衡。人们无从参透这其中的奥妙，只得遵守。

渴望与现实，多半会隔着万水千山的距离，但当两者奇迹般重合时，世人反倒会变得手足无措。辛弃疾面对这憧憬多时的反金举义，竟觉得像是一场倏然而来的不真实的梦境。在梦中，是进是退，他一时分辨不清。因他并非鲁莽之人，更不会为了逞一时英雄，而断送整个家族的身家性命。

人在犹豫之时，内心实则已然偏向了其中一方，即使询问旁人的意见，也不过是在寻求支持罢了。虽揭竿举义在辛弃疾心中占了七八成，但他还是拱手将决定权交给了上苍。他与好友党怀英各自用蓍草占卜，说来也巧，他得到的是"离"卦，据《周易》解释，"离"即火，冥冥之中南方之路，隐隐向他招手。这是天意，更是心意。

一旦决定，便是义无反顾，再无归程。褪去青涩，投身于血与火的熔炉中，个中滋味，只有他自己懂得。

> 落日塞尘起，胡骑猎清秋。汉家组练十万，列舰耸层楼。谁道投鞭飞渡，忆昔鸣髇血污，风雨佛狸愁。季子正年少，匹马黑貂裘。
>
> 今老矣，搔白首，过扬州。倦游欲去江上，手种橘千头。二客东南名胜，万卷诗书事业，尝试与君谋。莫射南山虎，直觅富民侯。
>
> ——《水调歌头·舟次扬州，和杨济翁、周显先韵》

这是辛弃疾中年辗转湖北时所作之词，上阕就是回忆这场酣畅淋漓的征战。

金人南下的马蹄声，声声似梦魇，却也让有心杀敌的人更为兴奋。塞边掀起的万丈烟尘，在落日下显得苍白而惨淡。正是清秋时节，气候适宜、粮草充沛，金人在此时宣战，想必是做好了充足的准备。

而宋朝亦不逊色，"十万"军兵操刀挥戈，跃跃欲试，"列舰"待发，"层楼"耸立，没有咄咄逼人之势，却有镇定自若之态，必胜的信心与绝不低头的气势让初次披上战袍的辛弃疾激动不已。

"季子正年少"，世间最好的事，莫过于有梦可追的人，正值年少之时。辛弃疾独自一人召集两千多人马，结成了抗金的自卫武装。

一人如果仅凭着蛮力前进,多半走不了多远便会败下阵来。但蛮力如若和智慧结合,胜利往往会如雪球一般,越滚越大。此时肚中稍有墨水之人,便有士大夫的清高与傲慢,耻于与黎民百姓合作的固有观念,无疑成了小溪汇成大江的绊脚石。幸而,辛弃疾知晓身段与敌人孰重孰轻。深思熟虑之后,他毅然加入了耿京所领导的农民队伍。

用"蓬荜生辉"四字来形容耿京此时的心情,再恰当不过。鲁莽之夫与文武全才在最恰当的临界点交会,果然如磁石的两端,相吸是其次,互补才是重点。唯恐时机转瞬即逝,他在中原点起星星之火,借着东风,以燎原之势,南取兖州,西取东平,后又亲冒矢石,攻占济南与淄州。

最美的时光,总是具有最柔软却最强大的力量,敢于在沧桑的尘世中一如既往,不改初心。这仿若一坛陈酒,年轮愈是猖狂地递增,它愈是迷醉人心。如果每个人都是一幅画的话,凡·高无疑在为向日葵的黄代言,而对辛弃疾来说,两赴燕京是一抹氤氲的橘色,这次举义则是被朝霞渲染的殷红,它驱走了黎明前最黑的不安与彷徨,为梦镶上了一颗永不迷失的北极星。尽管日后午夜梦回时,未曾预料到的黛褐色会无情地朝他袭来,至少他曾在梦想中醉过,也酣睡过。

历史的每次转折,都好似一场潜伏已久的海啸,在动荡中,有多少人被掩埋，又有多少人浮出水面，没有人能说得清。完颜亮在战争中频频失利，时时溃败，已然如被拔去了刺的刺猬，急欲找一个洞口舔舐自己的伤口。然而，风雨何时乍起，无人能预料，就在他的伤势还未痊愈之时，偏偏自己后院又起了火。1161年，完颜雍发动政变，自立为皇帝，史称金世宗。他即位之后，改元大定，且下诏暴扬完颜亮数十件罪名。前后夹攻，终使完颜亮落得丧势殒身的下场。所谓落井下石，果真是世上最锋利、最有效的匕首。

但偏偏事物有两面，常人往往看到其中一面而忽略了另一面。金兵连连失利，难免士气低落，故而完颜雍上台后削掉骨子里的锐气，采取停战求和的低调姿态。这对想在临安的旖旎风光中坐稳龙椅的宋高宗而言，仿若甘霖蜿蜒淌进了他久旱的心田，几乎是在欣喜若狂的情态下宣布大赦令："在山者为盗贼，下山者为良民。"

小市民生来便无甚大理想，毕生的愿望也无非是每天安安稳稳从清晨走过日暮。当初举义实为生计所迫，恢复中原的念想从未在他们的脑海中闪过哪怕萤火般的微光。既然诏令已为他们指明良民的出路，他们又何必与朝廷对抗呢？一时间，义军各奔东西，辛弃疾所在的队伍自然也逃脱不了作鸟兽散的命运。

此时的辛弃疾亦是有过动摇的，身前是金戈铁马的险境，身后是平稳度日的安然，又一次站在十字路口的他，像是陷入了一场纠缠不清的恋爱，欲舍难弃，欲走又留。选择即是舍去，且机会只有一次，一旦选择向左或是向右走，即使走到天黑，亦要走下去。回头，从来都是奢望。

人生的瓶颈，除却折磨，更有眼下看不到的深意，成长正隐匿在将瓶颈渐渐消除的罅隙间。辛弃疾的广阔视野与远见卓识，让他生了投奔南宋的念想，这也博得了耿京的赏识。是年年底，辛弃疾与诸军都提领贾瑞，向临安进发。第二年年初，抵达建康。

有的地方，看似遥远却即日可达；而有的地方，明明看似触手可及，然而翻过一座山，再渡一条河，却仍是触不到。从北方到南方，辛弃疾耗费时日不到半月，但梦想的丰满与现实的骨感，终其一生，他都未能用脚步将二者完满嫁接起来。

少年的青涩，两赴燕京的积淀，都被这一路向南的风尘掩埋，渐渐失去了朱颜，如同一张笔力遒劲的临帖，掉入水中，笔墨渐渐氤氲散开，只剩下朦胧的轮廓。这一首《水调歌头》，好似他人生的伏笔，上阕是匹马横戈的少年英雄，下阕年华将逝，空有怀抱，却是无力回天。

其实过去的又何必追忆，未来已一步步为他而来。

桃花正红,情到深处

世间最大的赏赐,莫过于有大把明媚的时光,并且心怀深彻到洞明的梦想。虽然本该属于大人们的担子过早地压在了他的肩上,但心中笃定这世界本就是无垠的,故而他是深深体悟到幸福的味道的,且这味道因不拘泥于"小我",便更有了厚重的质感。

南归之前,辛弃疾有山水相伴,有梦想可追,有墨香可嗅。人间花正红,青春年正少,岁月于他而言,无疑是慷慨无私且亮如明镜的。如若此时上苍再许他一场缱绻的爱恋,便是人间至幸了。

谈起辛弃疾,多数人会将他定格为沙场男儿的剪影,再浓墨重彩地锦上添花一番。心怀天下,热血凝肠,这仿若已成为一枚为他量身定做的书签,永远地夹在属于他的人生史书中。殊不知,他是英雄,更是男人,他的字典中,亦存在"爱情"二字。况且英武与文采俱佳,这两个诱人的条件无疑会让他坐稳爱情中完美男主角这把交椅。

英雄与美人的风流韵事，自古以来就仿若一个磁场的中心，引着四面八方的人踮起脚尖，向此处张望。项羽"力拔山兮气盖世"，当他醉倒在虞姬香艳软酥的怀中时，血液里的冰冷会渐渐被温暖占领；范蠡为复国踏遍千山万水，但在溪边瞥见浣纱的西施时，俄然间他感觉内心深处有一处松动的柔软，便情不自禁地勒马停留下来。辛弃疾头上顶着"英雄"的高帽，亦是逃不出此般定律的。

大约在十六岁至十八岁之间，在长辈的主持下，辛弃疾在故乡娶妻。史书中关于词人婚姻的记载凤毛麟角，对他第一任妻子的记载就更如阴天的晚上，连零落的星光也遍寻不到。

世人只知这个与辛弃疾携手成婚的神秘女人姓赵，字甚名谁虽在卷帙浩繁的辛词中隐隐散着诱人的绮香，却如解不开的谜团，让世人无从去寻找答案。许是因为这一场恋爱来得太过迅疾，让年少的他彷徨得不知该如何拥抱这种喜悦。又或许是因爱得太深切，深切到自私，自私到不愿分享点滴欢愉，唯恐遭到岁月觊觎。

古人不仅有早婚习俗，亦讲究门当户对。辛弃疾的家族世代为官，名声早已在外。想来他的妻子也定是知书达理的好女儿，即便不是出身钟鸣鼎食之家的名门望族，也当是个端庄贤淑的大家闺秀。虽然芳名未露，倒也并非全无踪迹可寻。

彼时，爱情与政治相连是常事，多半人会抱着认命的态度与一个许是内心隔着千山万水的人相守一生，谢道韫、朱淑真莫不如此。如若寻到你情我愿的婚姻，不知要花去几世的修行与福分。而这桩始于父母之命的婚姻，于他们而言，则是圆满到令人忍不住欢呼雀跃。

在出嫁之前，想必赵氏是听闻过辛弃疾的逸事的，在偷偷听到大人们谈论婚事之后，脸上的羞赧化作喜悦的心跳。在成亲之日，辛弃疾带着微醺的醉意，掀起她的盖头，两人四目交汇之时，也必会对这宽阔的世间充满感恩。在诗词、戏文中看过太多因父母干涉而错失真爱的悲剧，他们的喜结连理，真如燥热夏日里的一阵穿堂风，令人的每根毛发都舒爽到战栗。

相濡以沫，是古时婚姻中最重要的品质；懂得，更是不期而遇的惊喜。辛弃疾是幸运的，成婚之后，无论是再次亲赴燕京，抑或聚众举义，或是决定南归，她都站在他的身后默默支持，抑或站在他旁侧，与他一起面对这世间的风风雨雨。她的美不仅仅在于如花的容颜，更在于由内而外散出来的清淡甜美的馨香，瞬间便可以抚平他脸上与心上的褶皱。

爱他，便追随他的脚步，海角天涯也是家。

绍兴三十二年，即1162年，辛弃疾奉表南归，赵氏也随之来到南方。男人天生仿若就是功名与事业的俘虏，就在他沉浸于恢复中原、一雪前耻的醉梦中时，南宋却将他安排到了江阴任一个小小的通判。此地极为偏僻，鲜有人来，公事也是疏疏落落。只合生于深海的海豚，偏偏困在了浅细潺潺的小溪，这似凌迟般的痛苦，爱人想要分担，却也是无力可使，只得静默着去守护。

一年的时光，犹如指缝间止不住的流沙，倏然间便从手掌上滑落。如若细数这当中的铅华，充盈其间更多的则是辛弃疾无端的叹息，妻子柔软却有力量的抚慰。偏僻的小镇，容不下他大于天的心志，却包容了他与妻子的琴瑟和鸣。当春夏秋冬轮番在他们肌肤上划下痕迹后，辛弃疾终于在转身之时，看到了一直站在他身后的妻子，看到了长出嫩芽的春天。

春已归来，看美人头上，袅袅春幡。无端风雨，未肯收尽余寒。年时燕子，料今宵梦到西园。浑未办黄柑荐酒，更传青韭堆盘？

却笑东风从此，便薰梅染柳，更没些闲。闲时又来镜里，转变朱颜。清愁不断，问何人会解连环。生怕见花开花落，朝来塞雁先还。

——《汉宫春·立春日》

含蓄的男人即使爱到蚀骨，也不会轻易将爱说出口。然而，深情蜿蜒淌在纸上时，却禁不住让人失了魂魄，心旌摇曳。写给赵氏的词，在卷帙浩繁的辛词中不及冰山一角，而这南归后第一首词作，也只是在第一句中勾勒出了赵氏朦胧氤氲的影子。然而，这对她来说也已足够，因她的爱并非是索取，他的爱也不止于笔墨。

立春之时，寒意尚未尽消，凛冽的风还是会在午后乍起，和着雪粒的雨也会无常地洇湿大地。去年南来的燕子，再过些时日，也该飞去西园了。西园即汴京，料想词人心情此时是有些凝重的。泱泱北宋的繁华，如今只在微弱的记忆与灵动的笔尖中存活，想想便让人心酸。黄柑荐酒、青韭堆盘，因心绪烦乱，也懒得去准备。而妻子头上袅袅拂动的小幡，犹如雨后架在空中的彩虹，霎时间便冲淡了冬日残存的黯淡的灰色。

赵氏并非搽脂抹粉之人，也从未做过刻意的打扮，心灵手巧如她，只在闲暇时光中剪彩为小幡，再戴于头上，就已经美得让辛弃疾动情，继而用笔墨捕捉下来。妻子干净清冷的娇容，春幡的袅袅轻盈之态，竟让饱读经传的辛弃疾一时寻不到合适的赞美之词，只得将她称为"美人"。

美人的美，向来如花园中深红浅白的花，各有各的姿态与味道。辛弃疾笔下的美人，或许不是富贵的牡丹，不是雪中沁香的寒梅，也不是让苏轼痴迷的海棠，她或许就是一株不起眼的水仙，在微微起着波澜的水中浮起摇曳的轻影，她的美是矜持，是素雅，她自己却是不知。这是辛弃疾南归之后的第一次立春日，一年的奔波一无所获，疲惫的心情、漂泊的艰辛，都须在"美人"的怀中得到慰藉。

在无涯的时光中，没有早一步，也没有晚一步，恰好是让你怦然心动的人来敲你的门扉，又恰好，你等这敲门声已然许久，在四目交汇之时，心田里的情花绚如朝霞，想必世间再没有比这更顺遂的爱情了吧。

辛弃疾与赵氏，大抵就是这般爱慕着对方。她的爱是崇拜，是仰望，更是柔中有刚的避风港；他的爱是呵护，是承担，更是平淡却不平庸的日日夜夜。月影映墙，竹影婆娑，花香弥散时，或许他们也曾执手许下过相守一生的盟誓。来世太远，看不见触不到，今生不离不弃，已是极好。

爱越深，便越笃定她从来不会离开。珍惜与细水长流，也是从未想过的事。然而当梦的镜子被狠狠打碎后，无论日后是晴是雨，她都不会展露笑靥。天上人间，相忆相念，却永不相见，留下人的生命陡然出现一个巨大的缺口，空空落落，任凭怎样费尽心思都无法填满。世间最残酷的事，莫过于此了吧。

翻开史书，乾道元年，即1165年，并无大事发生。而对于辛弃疾而来，比山崩地裂更甚。妻子赵氏因病而逝，从此夜空中多了一颗星星，人间少了一对鸳鸯。

痛到极处，是无言，是沉默。无法出口的情愫，只得在纸上一遍遍诉说。苏轼在原配夫人王氏十年忌日中云："十年生死两茫茫。不思量，自难忘。千里孤坟，无处话凄凉。"贺铸在人生半百，再次来到他与妻子生活的地方——苏州阊门时，情不自禁地写下："重过阊门万事非，同来何事不同归？梧桐半死清霜后，头白鸳鸯失伴飞。"

然而寻遍辛弃疾的词章，也未曾见他对妻子的过世写下只言片语。爱的深度，正是他缄默的程度。他执拗地认为，她从未离去，被衾上的刺绣、梳妆台上的木梳、院落中精心打理的花草，都是她存在的佐证。既然她仍在身边，又何来悼亡呢？念及此，心下不禁怅然。原来，辛弃疾的爱，是宽厚与坚强，是本真与纯良。

每个男人内心都住着一个孩子，第一次堆好城堡的喜悦与被海水冲垮的恸哭，他们都深深记得。在城堡中居住的爱情，他们曾用心经营；牵手的悸动、拥抱的颤抖，已被他们刻在了不动声色的年轮中。就算爱情有一日离家出走了，这段打着独一无二烙印的时光，仍旧在以后的时光中给予他们动人的力量。

赵氏走进了辛弃疾的世界，更走进了他的生命。此时，竟不知该说谁比谁幸运。或许，遇见彼此，便是人间胜景。

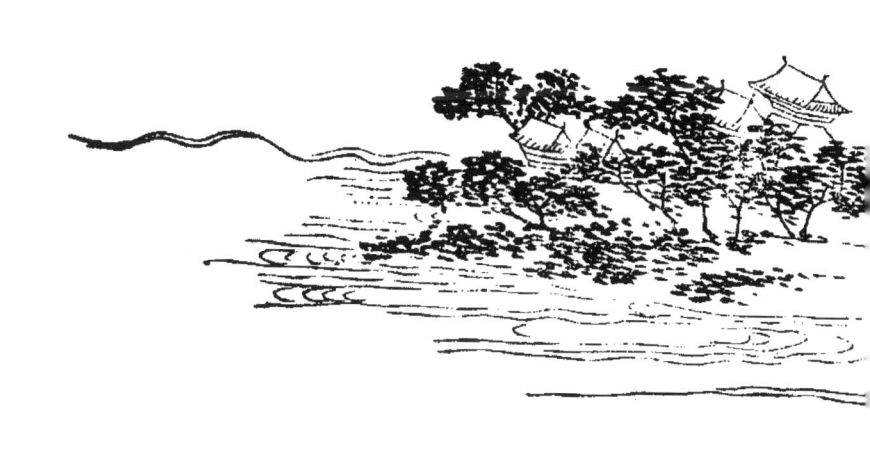

第二章 无言谁会凭栏意

壮志难酬，美芹十论

日光倾城而下，时光摆下的记忆，多数已在身后层层腐朽，而被篆体或是楷体记下的事迹，却总是在清风吹开书页时，沁出古木般的气息。或许人们缅怀的并不是数百字乃至于上千字讲述的往昔，更让人着迷的是字与字之间、行与行之间的罅隙中，未曾道出的微妙情愫。

历史，无非是时间的线索，简单而清楚是史官的使命。故而，何年何月何日何人做了何事，从来都是史书的格律。而历史背后的春花秋月、清露寒雪，则一概被拒于门外。然而，越是被故意掩盖，越是为这些谜样故事添了三分旖旎调子，引得世人浮想联翩。

史书中记载，1162年，宋高宗让位于太子赵昚，史称宋孝宗。一句足矣，以此为轴心，辐射的种种事件，却并未归入薄而脆的纸页中。辛弃疾在又一个转角处，是否看到了柳正绿花正红,更是只字未提。顺着历史的轨迹,去寻求词人的悲欢,大抵是最美丽又最艰辛的旅程了。

日光追逐着明月,夜幕驱赶着黄昏,于是月滚着月,年滚着年,疾驰而过的时光便化作了参天古木的年轮。一日中最易触发愁绪的无非是子夜与黄昏,四季中最惹人伤怀的莫过于秋天以及暮春。站在落红满径的春日的尾端,辛弃疾起了飞絮般的忧愁。

家住江南,又过了、清明寒食。花径里、一番风雨,一番狼藉。红粉暗随流水去,园林渐觉清阴密。算年年、落尽刺桐花,寒无力。

庭院静,空相忆。无处说,闲愁极。怕流莺乳燕,得知消息。尺素如今何处也,绿云依旧无踪迹。谩教人、羞去上层楼,平芜碧。

——《满江红·暮春》

自然有枯荣,万物有兴衰,江南的四季轮回也从未停止过。然而,人却总是有一双善于发现又善于忽略的眼睛,常常只会看到那些与自己心灵色彩相契合的东西。此时辛弃疾正年轻,理想也正旺盛,本该像雨后拔节的笋、夏日燃烧的莲,眼中的江南应是刚从染缸中捞出的绸缎,鲜艳至极。

白居易曾作《忆江南》,中有一好句:"日出江花红胜火,春来江水绿如蓝,能不忆江南?"然而,一旦精神的春暮贸然闯入生命,再鲜活的心也会陡然苍老,视线中只剩下落红在凄风苦雨中盘旋。

宋孝宗即位后,以强硬的姿态立下恢复中原之志,将北伐提上日程,随后秦桧党人被赶出朝廷,岳飞得到平反,以张浚为首的主战派得到重用。这仿若是一缕暖流,送走了冰冻九尺的寒冬,吹来了桃李压枝的春日。于辛弃疾而言,这更像是鲤鱼挣开了水草的羁绊,跳出龙门又成指日可待的大事。

但偏偏龙门并不为所有鲤鱼而开,就算他剪断了这一丛水草,还有另一簇来纠缠。当他将缜密完善的"分兵杀虏"的北伐计划双手呈给此时已是江淮宣抚使的张浚时,却得到"某只受一方之命,恐不能主之"的冷峻答复。战役打响时,他只得在江阴按兵不动。一年之后,南宋军在符离之地,旌旗倒戈,血流成河。"符离之败"后,恢复中原的呼声,好似木兰舟驶入浅水,纸鸢邂逅了微风,慢慢搁浅。

辛弃疾在这座充盈着太多故事的城市中,慢慢疗伤。哀莫大于心死,辛弃疾此时的心被这清明时节的雨渐渐洇湿。自他来到南方,已有两年的光景。婉转的鸟鸣、绚丽的晚霞、清幽的环境,从来不曾给他半点儿安慰。日日也只用寂寞填充寂寞,用孤单弥补孤单。脚下的每块青砖、屋檐上的每块碧瓦,墙角处斑驳的苔藓,都是他萧索的光阴,而他最渴望的战场,却从未出现他的身影。

清明时节的雨,不同于夏日来得匆匆去得也急的暴雨,它细如蚕丝,绵似锦缎,滴滴答答地就润进了人们心窝。窗前的人,并不是看雨,而是听雨,连带听世间与自己的心事。经了委婉但并不绵软的小雨之后,通往门外的小径上,便是零零落落的花瓣。物皆着我色彩,在辛弃疾看来,这"一番狼籍"的场景,正是南宋这盘输掉的棋局。

朝花夕拾,捡到的尽是枯萎。散落在地上的残红损粉,已逐流水而去,只剩碧青的枝叶在园中,跳着孤寂的舞蹈。这般感觉想来李清照也是深有体会的,经了一夜风雨的海棠,定然是不堪蹂损而残红狼藉,但仍是小心翼翼、惴惴不安地"试问"海棠状况,丫鬟虽答"海棠依旧",而她深知此时已是"绿肥红瘦"。辛弃疾将婉转的"绿肥红瘦"四字,敷衍为十四字联语,去陈言翻新意,婉转未失,又见骨力。所谓站在前人的肩膀上,实在是看得远、看得深。

花朵向来只开一季便随风而落,自然不若清阴密叶坚韧壮盛。刺桐花也是如此,年年开年年落,欲要抵挡自然的风雨,终究是"寒无力"。可叹满腹兵法、文韬武略的辛弃疾,还未走出冬日,便又被清明时节的雨浇了个透心凉。

所谓物以类聚、人以群分,人在失意或是得意时,往往去与自己境遇相似的古人那里寻求安慰。屈原有"惟草木之零落兮,恐美人之迟暮"之句,将楚王的赏识比为在水一方的美人,无论溯洄从之或溯游从之，都不能寻到伊人的踪影。而辛弃疾把渴望得到宋孝宗的赏识，喻为对美人的思念，正与屈原的"香草美人"传统相契合。

闲愁几许，恐怕无人说得清。贺铸在《青玉案》的煞尾，只慌忙说了句："一川烟草，满城风絮，梅子黄时雨。"且看那一川漫无边际的烟草，还有那将整座城池笼罩着的柳絮，再有江南梅雨时节连绵不绝的斜风细雨，都是他的闲散情绪。或是因了辛弃疾的"闲愁"更深一层，压得他喘不过气来，说不出时也便索性不说。免得流莺乳燕得知消息后，又是一场琐碎的流言蜚语。

在交通不便的古时，山长水远，山南海北的距离，实在不像如今一样容易跨越，见不到面容，听不到声音，不论痴情或是恨意，唯有书信才能寄达。人生悲莫悲兮生别离，当重逢难期，一封书信已足够让人惊喜。然而此时，仅仅可以传情达意的尺素传书，也成了奢望。美人妙曼的身姿，依旧无迹可寻。休去倚高楼，举目遥望，所见定也是满川的离披衰草。

辛弃疾苦苦追寻不到的美人，正是君主的信任与重用，可望而不可即，他的迷惘与惆怅皆来源于此。"符离之败"后，张浚等主战派相继被贬，主张议和的声音再次占了上风。此中政治气候，无疑使辛弃疾的眼眸中布满阴霾。"美人"已然健步如飞向前而去，将他远远甩在了身后。锦瑟年华终究无所作为，仿佛一场空梦，只觉时光如水穿梭，倾尽全力的追逐都是幻境，从来不曾博来半分他期待的结果。于是，他的人生大概从最初就注定了遗憾。

世间有一种人，处境越是艰难，越能激起他的斗志。所谓越挫越勇，也确实是常人所不能做到也未曾体味的境界。正当南宋在"一番风雨，一番狼籍"垂头叹息时，辛弃疾早已将失望与消沉打包，放在他不轻易看到的地方。

不甘寂寞，实在是辛弃疾的骨骼中特有的属性与品质。几个昼夜，他铺纸、研磨、捻笔、手书、封缄，写下一组关于宋金之间军事、政治的论文，名之曰《美芹十论》。嵇康《与山巨源绝交书》中有"野人有快炙背而美芹子者，欲献之至尊"之语，《美芹十论》的命名，则取"野人美芹而献于君"之义。想必辛弃疾是抱着一颗虔诚心与谦逊心，将自己的"拙计"献于皇帝的。

偏偏越是满怀希望，越会让人失望。这指点江山、谈论天下分合大势的奏章，竟然又因种种缘由，被弃在一旁。蝴蝶的翅膀薄如轻纱，飞不过沧海自然无人忍心责怪，然而谁又知晓，它尽力飞翔却最终葬身大海时，那份深深的不甘心。

然而不甘心又如何呢，他只是荒淫政治下的一颗棋子而已，虽有万千期望，终是不能自主。他只得在一圈又一圈年轮中，看凄风苦雨，看这偌大世间何时落幕。

梦想正盛，无处安放

兵家之计，向来讲求"一鼓作气，再而衰，三而竭"，辛弃疾前两次献计都未果而终，难免抑郁难当。况且自南归以来，他一直处在无关紧要的职位上，隔靴搔痒无非是朝堂安抚南归军民的一种伎俩罢了。他心中已是鼓声阵阵，然而战役却迟迟没有打响，此时的士气恐怕已所剩无几。短短七年时间，辛弃疾先是蜗居在无人问津的江阴，后被调任广德军通判，任满之后又被踢到建康府当了通判。

建康自古以来便是藏匿太多风流韵事的城市，六朝的兴旺与衰败、繁华与落寞，都是时光抹不掉的铅华。硝烟战火、帝王美人、爱恨情仇，每座城市都少不了这些元素，让行走在其中的路人也每每滞留了脚步。

辛弃疾置身于这样一座城市中，胸中免不了涌上千头万绪的感慨。

我来吊古，上危楼，赢得闲愁千斛。虎踞龙蟠何处是？只有兴亡满目。柳外斜阳，水边归鸟，陇上吹乔木。片帆西去，一声谁喷霜竹？

却忆安石风流，东山岁晚，泪落哀筝曲。儿辈功名都付与，长日惟消棋局。宝镜难寻，碧云将暮，谁劝杯中绿？江头风怒，朝来波浪翻屋。

——《念奴娇·登建康赏心亭，呈史留守致道》

前人、今人、来者，无不盼着朝气蓬勃的景象，盼星河璀璨，盼阳光温暖。然而，星河是缀在夜空上的，阳光也有晒不到的地方，枯荣并存，盛衰相继，黯淡的时光常常与灿烂的年华一样长久，古来如此，人生如此。辛弃疾漫游在历史洪荒中，慨然身世，也悲悯千古。

古人凭吊古迹时，往往登高望远，虽然一再说着休去倚危栏，登高的脚步却未曾停止过。而当站在最高处抬眼远望时，人们时常被哀愁笼罩而后悔莫及。在爱情中，相思是会呼吸的痛，而在悼古时，登高则是戒不掉的愁。这愁并非一丁半点儿，而是"千斛"。双溪蚱蜢舟没能载得动李清照女儿家的相思愁，辛弃疾这带着生命不可承受之重的千斛愁绪，便更无从说起。半壁江山陷于敌手，南宋朝廷在偏安一隅中竟也是无限满足。词句中虽无凝重之字，但其蕴含的凝重之情，却如积久之潮，喷薄而出。

历史仿若一出精彩绝伦的戏剧，你方唱罢我登场，多少往事在转瞬即逝。千年风吹雨打，"钟山龙盘，石城虎踞，帝王之都"的建康，风光化为一抔黄土，只剩满目的零落与衰败。词人的大声疾呼与痛苦，在旁人看来也只是戏剧中的小丑罢了。

人在凄迷时，总会看到悲凉之景。夕阳的余晖穿过氤氲的暮霭，洒在迷茫的柳枝上；水边觅食的鸟儿，匆匆地飞回窝巢；陇上的乔木，在晚风的吹打中，叶落满地。秦淮河畔，漂泊着一只孤零零的小船，恰恰此时，不知是谁吹起了凄怆的笛曲。岁月如歌，伤感是岸，兴亡已随秦淮河而去，把故事和历史都抛诸身后，独留词人摇曳在荒凉过往的中央，怅惘徘徊。

在不知进亦不知退、彷徨又无助之际，辛弃疾想起了东晋的谢安。运筹帷幄之中，决胜千里之外，这是谢安给天下人最难以忘怀的背影。早年谢安在会稽之地，与王羲之、孙绰等人游山玩水，风流中自带风雅，逍遥中更是自在。此后的人生，他将自己放逐在官场中，来去如鲲鹏，自由高飞。淝水一战中，弟弟谢石与侄儿谢玄领兵八万，大败前秦九十万大军。而谢安听到捷报后，竟仍是不动声色地下棋，谈笑间更是为自己画上了最完美的一笔。

然而宫廷官场中的血雨腥风不是凡人能设想出来的，除了钩心斗角之外，诽谤、阴谋、陷害、暗杀，防不胜防，即便聪明如谢安，晚年时也未能幸免于谗言。一日孝武帝设宴招待大将桓伊、谢安在座。擅弹筝的桓伊为孝武帝弹了一曲《怨诗》:"为君既不易,为臣良独难。忠信事不显,乃有见疑患。"声节慷慨,竟惹得谢安落泪。

谢安尚有桓伊懂他和忠而见疑的委屈,而辛弃疾在寻梦的路上却是形单影只,知音难觅。七年的时光,他仍是一无所有。渔人失手落入水中的宝镜,他在河畔寻了许久,也没有打捞起。美人即将迟暮,唯有以酒浇愁,排遣凄迷心绪。然而身旁无劝酒之人,把酒言欢、共商国是,不过是一场遥不可及的奢望。

词境于此时已转入消沉,而正值青年的辛弃疾绝不会在绝望中戛然而止。"江头风怒,朝来波浪翻屋",又是千军万马齐奔腾的峥嵘之势。心中掀起的潮水伴着长江卷起的巨浪,带着不可阻遏的怒号,随时可借着狂风卷上岸来,将房屋推翻,将一切化为乌有。似乎骤然凝聚起来的正气,天地间舍我其谁的豪气,可瞬时将金朝夷为平地。

他的苦闷积蓄得实在是太久了,故而挥笔泼墨时,难免有一泻千里之感。读罢这一阕《念奴娇》,诚然像淋了一场酣畅淋漓的雨,但激烈过后,蚀骨寒意渗进每一根血管,除却风萧萧兮易水寒的悲壮,也多了些无人分担的惆怅。

世界之大,他在流浪中寻求存在感,然而当热情如立秋后的天气,渐转凉薄时,他才猛然发觉,在不知不觉中他已经走了太远。也就是在这时，他隐隐约约听到了家的呼唤。

点火樱桃，照一架、荼䕷如雪。春正好，见龙孙穿破，紫苔苍壁。
乳燕引雏飞力弱，流莺唤友娇声怯。问春归、不肯带愁归，肠千结。
层楼望，春山叠；家何在？烟波隔。把古今遗恨，向他谁说？
蝴蝶不传千里梦，子规叫断三更月。听声声、枕上劝人归，归难得。

——《满江红》

许是为了逃避眼前的痛苦，许是为了充盈空虚的生命，许是仅仅为了圆自己一个流浪的梦，世人轻易告别，一再踏上异乡的土地，把家乡抛诸脑后，去领略别处的风景。从此山高水长，归期无定。流水淙淙，马蹄声声，这是一条很难走到尽头的漂泊之路，唯有梦想在他乡搁浅了，方才想到停下来，在故乡的臂弯中，沉沉睡去。

此时，辛弃疾累了。他每每想要跨过理想与现实的沟壑，终究是无力螳臂当车。十载未回去的家乡是否还是当初他走的模样，邻家的鸡鸣狗吠是否还一如既往，光影中随风摆动的帘帷是否被岁月浆洗得失了颜色？这一切他无从得知，只得在异乡去幻想家乡的景致。

辛弃疾的笔墨，时有豪放，时有温婉，时有粗犷，时有细腻，像是六月的天气，时而明媚，时而阴沉。开篇细致的临摹，实在是一幅清晰的春日园林图。点点樱桃，好似情人的红唇，娇艳欲滴，再矜持的男子也忍不住想要凑上前去。满架的花，恰如西施的轻纱，纯白赛过从天而降的雪。这一红一白的映照与对比，让词人情不自禁道一声："春正好。"

春正好，好在生机勃勃。春雨润如酥，春水绿如蓝，春笋更是不甘寂寞，穿破青青苔藓与苍苍的壁角，蓬勃地向上生长。莺莺燕燕，娇声相唤，蜂蝶缭绕，好不热闹。遗憾的是，这份惬意并没有维持太久，当春燕幼雏懒得飞翔时，当莺啼变得脆弱时，如白雪般的花朵也盛极而衰，零落成泥。

越是热闹，越是落寞，况且这份热闹本就不属于他这个过客。最残忍不过时间的笔墨，把热闹改写成热闹过，把春初改写成春末。春日归去，愁肠千结。此时哀伤有之，怨怼有之，但更多则是悲凉。年华正好，梦想正盛，却被栽植在无人的山涧中，纷纷开且落。

在孤寂的路途上，走了一程又一程，只知开始却看不见终结；走走停停，来来往往，也无非是空把光阴蹉跎。辛弃疾被这无处安放的惆怅，搅得肠断魂销。来到异地，以为遍地黄金遍地梦，而今累了倦了，才知晓留下早已没有理由，归去又成肥皂泡里的梦，不知几时就会在烈日下破裂。

别时容易，相聚艰难，此话一点儿不假。当初一匹马、一个包袱，就轻易地把家甩在身后。任凭路遥马疲，山高水长，依然不变初衷，不停脚步。然而棱角分明的顽石，经过河水一遍遍的冲刷变为鹅卵石时，轻狂的少年才渐渐退居幕后，代之以老气横秋的中年，登上层楼，回望这些年走过的足迹，眷恋根系所在的家乡。然而站得再高，也有浮云遮望眼，况且还有这千重万叠的春山，以及这暮霭沉沉的烟波来阻。而这春山、这烟波又何尝不是抗金大业的阻碍呢？

自古以来，英雄多寂寞，虽说高处不胜寒，但谁又愿意一直做蜿蜒流淌于地的小溪呢？古与今的遗憾，他都得扛在肩上，却无人帮他分担。如果他也像多数士大夫那般在国事面前全身而退，只躲在自己的世界中吟些风花雪月的小愁小恨，就会少些伤怀感旧的痛苦。可他偏偏太过执着，以至于知己零落，遗恨无处诉说。

蝴蝶翩跹，如梦般美丽，又如梦般易碎，它自身尚且渡不过沧海，又怎可能将文人墨客的乡愁载到千里之外？辗转反侧，深夜不寐，恰恰"不如归去，不如归去"的悲啼又落在了他的枕边。把他乡作故乡的滋味，辛弃疾终于深深体味到了。

在他乡，不是所有的梦都能开出花来，也不是所有的时光都经得起等待。辛弃疾是想着有朝一日再回到故乡的，然而一再拖延，待他闭上双眼时，梦陨落了，家也丢了。都说世间宽阔，追梦的人不会总在低处，而辛弃疾却在这偌大的世间，无处安身，未免让人伤怀。

留下，或是归去，生命到底会给他怎样的答案？

越是艰难，越是坚定

对于有梦可追的人来说，路途中经过的风景，都是一种生命的积淀，念家不过是池塘中的鲤鱼掀起的一尾涟漪，过不了多久，心湖便会趋于平静。谁也说不准下一个转弯是另一番澄明的境界，还是一堵厚厚的城墙，但行走者从不会因为一次碰壁而与所有的柳暗花明擦肩。故而，他们比原地不动的人少了所谓的安全感，但多了让生命发光的荣耀感。千姿百态，是他们给世界最大的惊喜。

当辛弃疾沉浸于思乡的痛楚中无法自拔时，朝廷新的任命，像是一剂清凉油，瞬间便让他从麻醉的状态中清醒过来。乾道八年，即1172年，他被派到地处淮南中部的滁州任知州。滁州属于扬州一带，姜夔在《扬州慢》曾说："自胡马窥江去后，废池乔木，犹厌言兵。"经了多次兵火的滁州，而今已是一片废墟。重整旗鼓，从来都不是件易事。知州几经换新颜，而此地却仍是一面碎镜，不仅仅自己支离破碎，也照得世界面目全非。

明哲保身，向来是官场中的潜规则，偏偏辛弃疾生来就有为黎民谋幸福的使命感，既然当上了滁州的一把手，成了这里的父母官，改变无疑就成了眼下最急迫的事。越是艰难，越具挑战，对辛弃疾而言，便越撩拨得他兴奋难当。这虽不是魂牵梦绕的战场，但他确实将整治滁州当成了一场生死攸关的战役。

他已经寂寞得太久了，正迫不及待地想要将一身的智慧，透过一个出口全部倾泻出来。全免税款、宽征薄赋、统招流散、习教民兵，滁州渐渐由萧条走向繁荣。他站在刚刚落成的奠枕楼上，俯瞰周遭，市区、街道果然是一番清明气象，原来的荒陋已是化成尘埃，散在风中。滁州父老岁时登临，歌舞升平，举杯相贺，仿若北宋的大气、繁华不再是井中月、镜中花，辛弃疾被欢腾的气氛捧起来的自豪霎时喷涌成一首词。

征埃成阵，行客相逢，都道幻出层楼。指点檐牙高处，浪涌云浮。今年太平万里，罢长淮、千骑临秋。凭栏望，有东南佳气，西北神州。

千古怀嵩人去，还笑我、身在楚尾吴头。看取弓刀陌上，车马如流。从今赏心乐事，剩安排、酒令诗筹。华胥梦，愿年年、人似旧游。

——《声声慢·滁州旅次登奠枕楼作，和李清宇韵》

人在顺遂的境遇中，所想所见多半是与心灵色彩相合的人或事。就像搭乘行在海里的船，顺风时，总是轻易间便飘过了千万里，若要问途中景致，也无非是高飞的苍鹰、涌动的潮水，以及愉悦的心跳。辛弃疾这次的旅行，也遇到了绝好天气，自己顺风顺水不说，难得的是与民同乐。

最让人惊异的莫过于平地起高楼，且这高楼并非晴日里海边高楼的倒影，而是实实在在矗立在滁州这片荒了多年的土地上。行人南来北往，车水马龙，尘埃一阵接着一阵，混杂在道路中央。路经此地的商人、旅客看到这番变化，都会由疑虑转为惊讶，再由惊讶转为赞叹。他们相互指点着奠枕楼高处屋檐边上如牙齿般翘起的地方，那里如波浪涌起，浮云飘动。

人站在高处，眼界自然宽。滁州在辛弃疾手中，已呈现欣欣向荣之景，行客如云，市场繁盛，从前的荒凉已留给过往。滁州犹可如此，全国也当如此。笔墨由淡转浓时，心境也以此地为中心，向四面八方辐射。今年到处皆是太平景象，秦淮两岸大可夜夜笙歌日日曲，再不用在秋日时派遣千骑兵马，加强防备。

步步深入，环环相扣，辛弃疾这股浓烈的自豪感，并未止于两淮之地。凭着风发意气，他凭栏而望，处于东南之地的临安上空，盘踞着袅袅紫云，预示着南宋未来一派清明气象。

词的上下阕，诚然是世上最近又最遥远的距离。上阕尚且是澄澈的阳春三月，仅仅是一个过片，就在两者之间横亘出了千丈深的沟壑，夏日阳光的拔节、秋日的白鹭冲天，统统掉入深渊，词章也就直接过渡到了冰冻三尺的寒冬腊月。

东南有佳气，西北是神州，这本是值得举杯相贺的。然而汴京之地已被金人牢牢把持，繁华与否，那都是旁人的事。知任滁州，建奠枕楼的自豪，在上阕的末尾如泄了少许气的皮球，渐渐瘪下去。过片又在伤口处，狠狠扎了一针。

"怀嵩人"即唐代宰相李德裕，他也曾知任滁州，且在此地建了一座名为"怀嵩"的高楼。身在滁州，心念中原，愿终有一日，再回故园。在有生之年，了却夙愿，实在是人间幸事。然而，辛弃疾却总是被不幸的浪头击中。吴楚之地固然山明水秀、人杰地灵，然如若将西北之地放任不管，家国终究是失了双翼的天使。辛弃疾自嘲道，九泉之下的李德裕定会笑话他再回到中原之日遥遥无期。

用忧伤治疗忧伤，用寂寞填充寂寞，虽不失一种疗伤策略，但多半人会在哀愁的路上越陷越深。辛弃疾从不是自暴自弃之人，惆怅无处安放时，他会捧一卷诗书，品一盏茶铭，看一把利剑，或是写一阕词。当西北神州润湿了他的双眼时，他适时将街道上的繁华景象纳入眼眸。路上车马如织，如同日夜东渡的江水，士兵手持弓刀巡逻守卫，不敢懈怠丝毫，这自然让他深感欣慰。从今以后，宴饮酒筹，赏花斗草，望月吟诗，这番赏心悦事，合该是日常盛景了。

一尾游鱼最初的梦想，是一汪清水，当它得到一个池塘时，往往更想要一片汪洋。世人定义此为贬义的贪欲，然而人往高处走又有何错。辛弃疾并不满足于日常无忧的消遣，他要的是整个海洋。华胥氏的国家，无杀戮，无争夺，一切都是顺其自然的和谐。辛弃疾也心怀这样的梦，愿年年家国昌平，生机勃勃；愿驱逐金人出境，金瓯无缺。这般雄心，非有勇气、有毅力、有豪气之人不能具备。

滁州上任，此地由衰败到繁华，其间难免有千般艰辛万般不易，辛弃疾没有多提，反而是他那饱满的欢愉、高涨的气势、大胆的憧憬一再呼之欲出。既然是在路上，就自然会有过去不曾看到的风光，也会承担比旁人多的离别。

老来情味减，对别酒，怯流年。况屈指中秋，十分好月，不照人圆。无情水，都不管，共西风、只管送归船。秋晚莼鲈江上，夜深儿女灯前。

征衫便好去朝天，玉殿正思贤。想夜半承明，留教视草，却遣筹边。长安故人问我，道愁肠殢酒只依然。目断秋霄落雁，醉来时响空弦。

——《木兰花慢·滁州送范倅》

梁实秋曾说："遥想古人送别，也是一种雅人深致。古时交通不便，一去不知多久，再见不知何年，所以南浦唱支骊歌，灞桥折条杨柳，甚至在阳关敬一杯酒，都有意味。"不是所有的告别都有再相聚的续曲，尤其是在一挥手多半是永别的古时，人们的离别大多充盈着泪水与思念。

无论是拉开小令序幕的以温庭筠、韦庄、皇甫松为首的花间词人，还是与辛弃疾同时代的苏轼、姜夔、陆游，他们的送别词多是昵昵儿女语，总少不了执手相看泪眼竟无语凝噎的惆怅与凄迷。然而辛弃疾的送别词却略过狎昵的小我，展现时代背景中的大我。送别也要气势，也会壮美。

在滁州之地，辛弃疾虽做出了些许业绩，但于他而言，仍是大材小用。恰恰此时，算是半个知交的范倅（名昂）接到朝廷新的任命。男人与男人的相别，不同于情人的离散，没有五里一徘徊的扭捏，更多的是几盏浊酒下肚后，掏心掏肺的祝福与肝胆相照的倾诉。

回首十年征程，辛弃疾说，他老了。一个"老"字，饱含多少辛酸泪，又容纳几斛悲凉情。正值壮年，却发出衰老的感叹，任是铁打的筋骨，也会断了柔肠。端起酒杯，一饮而尽，许是辛弃疾不忍作别，又许是这酒太烈，流经胸口时，却生生沁出了眼泪。美人怕的是迟暮，英雄怕的是报国无门，南归之初跃跃欲试，无非是想要做一番扭转乾坤的大事，不料匆匆流年从指缝间滑过，自己竟是在宦海中起起落落。阳光有照不到的地方，月亮也有阴晴圆缺，屈指一数，又是一年中秋日，然而月越圆，离散的人便越是落寞。

留下的人，总比离开的人多一丝悲戚。辛弃疾与范倅一拍即合，滁州繁荣的军功章上他们二人各有一半。可惜，并肩作战的友人即将匆忙离散，芳草无情只管把前路铺展，流水薄情只管与西风将送别的船只越吹越远。

此时的辛弃疾除却不舍，心里某个地方也会涌出浓烈的酸楚。有家可归是幸福，儿女团聚是温暖，共剪灯花是惬意，而辛弃疾家乡的炊烟，只会于傍晚时分，氤氲着在他的心底升起。在异乡并无容身之处，归家又是可望而不可即的奢望，辛弃疾舌尖的苦涩滋味，恐怕已渗入骨髓。

每个人在宏大的时代面前，都不过是沧海一粟，生命短暂得如水中蜉蝣。但总有些人甘愿将有限的生命献给无限的事业，辛弃疾的功业心再明显不过。滁州虽然着了些许亮丽色泽，但与游人如织、摩肩接踵的临安相比，终究会逊色许多。眼看范倅离开，他也从儿女温情的幻想中逃脱出来，将自己对功业的痴心，巧妙嫁接到友人身上。皇帝正盼贤德之人为大好江山添彩泼墨，趁着征衫未脱，去朝见天子吧。

自己的梦想，让别人去实现，也算是间接了却一桩夙愿，但终究不如亲手完成来得舒坦。辛弃疾自嘲道："长安故人问我，道愁肠殢酒只依然。"如若长安的老熟人问起我的近况，就对他们说我依然如故，壮志未酬吧。说起长安，辛弃疾难免会红了眼睛，梦在这里起航，也在这里夭折。城门向他开了又关，关了又开，而他也就像是钟摆摇曳在希望与失望的两端。

世间英雄无非两种：一是完美到极致，已不似凡人；二是追寻一生，以失败告终，却带着悲情与失意，苦苦坚守。辛弃疾属于后者，在茫茫沧海中，他迟迟无法靠岸，但无论浪头多么大，海水多么污浊，仍是小心翼翼地守护着内心洁净的明珠。梦想于他而言，就是有这般魔力——纵然土壤贫瘠，他心中却藏有整个花园；即使河流干涸，他心中也淌着一泓清泉。暂时的悲伤只是他人生的外壳，永驻的豪情才是他生命的内核，不然，他也不会在这条曲折的路上走得那般坚定。

蓦然回首，灯火阑珊

英国戏剧家萧伯纳曾说：人生有两大悲剧，一是得不到想得到的东西，一是得到了想得到的东西。虽说如此，想得到而未得到的东西，总是在暗暗骚动。它像是我们脚下的蟒蛇，在枯败的树叶以及层层尘土之下，游走成一座迷宫，引领着我们不断跨过千山万水，越过悬崖峭壁，历经苦难疼痛。追求的路途，总少不了孤寂与冷清，但走了很久，走到筋疲力尽，阅尽人间景致后，忽然与一直悬挂在心里却从未属于自己的梦奇迹般相遇，那一刻，生命该会绽出怎样的欢喜。

萧伯纳的悲剧理论，确实道出了得到与失去的二元关联，却恰恰忽略了苦苦追求之后，得到的那一瞬间必定在时光中得到铭记，人们的精神也会在升华与凝中，幻出悲喜莫名的感激。得到且珍惜，实在是人间至幸。

辛弃疾一直在路上，追求而不妄求。命运给予他暖意滋生的春日也好，馈赠他寒彻蚀骨的严冬也罢，他都全盘接受，在生命的迷宫中，将成熟的果实，一枚一枚采撷到自己细心经营的园林。在那个荒芜颓废的时代中，他无力阻挡旁人的腐烂，只是倾尽全力让自己保鲜。无论是恢复中原的功业，还是寻觅在小家栖息的爱情，他都有一双独特的慧眼。

许是在滁州操劳过度，辛弃疾此时突然患病，不得不卸任离开滁州，到京口休养。

没有官事缠身，一人纵然过得自在散漫，但时日一长终究有些无聊。自赵氏去世后，身边再无嘘寒问暖之人，红袖添香、夜间剪灯之事，早已陈旧得覆了层层尘埃。《红楼梦》中贾宝玉曾说，女人是水做的骨肉，见了就觉清爽。虽被周遭人斥为荒唐语，却恰恰将女子如莲般的感性与洁净道了出来。于男人而言，爱情与事业，犹如硬币的正反两面，两者融合才能完整。

幽幽暗暗的墙壁上，折射出辛弃疾单薄的身影；明明灭灭的烛光，摇晃起辛弃疾难启的心事。明日又是元宵佳节，街市上定然热闹非凡。然而越是人流如织的繁华，越是落得茕茕孑立，思念来得也越汹涌。屈原《九歌·少司命》有云："悲莫悲兮生别离，乐莫乐兮新相知。"生离死别固然是世间最痛苦的事情之一，结识新知也确实值得欣喜，然而赵氏的身影还未散尽，新的红颜也还未遇见，处于悲与喜的罅隙中，辛弃疾实在是感到茫然无助。

许是为了散散沉闷的心,许是带着一丝侥幸,欲要在苍茫大海中捞起一根适合自己的绣花针,辛弃疾只身一人挤到了街市中央。世上最鲜明的对比,都抵不过黑与白来得显赫。辛弃疾这一滴黑色的清墨,委实颠覆不了车如水马如龙的佳节的底色。然而,辛弃疾从不做无谓的陪衬,也不做无益的浏览,这一趟元宵之旅,他诚然进入了另一番风清月朗的境界。

东风夜放花千树。更吹落,星如雨。宝马雕车香满路。凤箫声动,玉壶光转,一夜鱼龙舞。

蛾儿雪柳黄金缕,笑语盈盈暗香去。众里寻他千百度,蓦然回首,那人却在,灯火阑珊处。

——《青玉案·元夕》

佳节一到,南宋的临安,俨然就成了北宋时的汴京。年轻的男女打扮得光彩照人,纷纷来到热闹的集市上欣赏花灯,或是"人约黄昏后",或是翘首觅良人。百花争艳的春天还未到来,东风已经催开了一树一树的花灯争奇斗艳,造型各异的花灯把街道点缀得五彩缤纷,燃烧的火苗映照出游人们喜悦且充满期待的脸庞。

节日的烟火礼花不断地升腾而起,如同点点繁星照亮了夜空,瞬间又如流星纷纷坠落,把大地晕染得五颜六色,丝毫不逊色于春天的万紫千红。对此良辰美景，词人的心情也开始欢腾雀跃，祈盼心心念念的佳人今夜也会出现在这繁花似锦的闹市中，只消看一眼就好。

他随着人流往灯市中心走去，身边不断有富贵人家的华丽马车经过，飘来香风阵阵。或许他心中青睐的女子也端坐在一辆绣着鸳鸯图案的车辇中，正掀起轿帘的流苏欣赏路边的花灯，东风袅娜送来一缕香气。凤箫悠扬的旋律回旋在华衣丽服的人群里，皎洁的月光流转在五光十色的花灯间，舞鱼舞龙的表演此起彼伏，一片繁华热闹，令人目不暇接。

几经奔波，辛弃疾已不再是青葱少年，但此时他竟然快乐得像个孩子，原来这个时代，并没有他想象中那般颓败。北宋新声巧笑于柳陌花衢、暗管调弦于茶坊酒肆的锦绣风光，到了南宋竟也是丝毫未减，耀目的辉煌虽被金人夺去不少，但也并非显出晦暗的色调。

淡妆浓抹总相宜，绝美风物与绝美之人自然都不乏这样的魔力。处处都是喜悦，叫辛弃疾怎不心花怒放。他沉醉在这如画的繁华中，忽而有了寻觅佳人的愿望。

人人皆说爱笑的女子运气总不会太差，如花笑靥堪堪夺走桐花桃杏的风采，眼波流转便如一汪春水荡漾。今夜走过辛弃疾身边的女子个个环佩叮当美若天仙，发间繁复缠绕着耀眼的珠翠，与花灯争夺光辉。月光、灯光、珠光和烟火的星光，点亮了一张张美丽动人的笑脸，盈盈而过时，暗香余留，久久不散。

将这般千娇百媚一般的女子比作仙女，丝毫不过。容颜姣好，姿态妖娆，也委实动人心弦。刚毅十足、细腻有余的辛弃疾，或许只一招手，就能得到一场风花雪月的爱情，可是，偏偏词人心中独独系挂着的姑娘，却迟迟不肯露面。

她是在哪棵树下看花灯猜灯谜，还是在哪个亭阁看烟花赏月亮，又或是挤在人群中欣赏鱼龙花灯表演？他在花花绿绿的灯市里一路走过，灯影凌乱，人影幢幢，他四处张望，生怕一不小心就把她错过了。

人与人之间的缘分，有时候真是莫名得很。还未曾相遇，或许就在冥冥之中获悉消息，而后遇见与否，千回百转也需运气。一个转身的距离，有时是四目相对，有时却是咫尺天涯。待辛弃疾一回眸时，她便出现在了他的视野中——纤纤身影亭亭玉立在桥边，稀疏的灯火在她脸上明灭交织，若隐若现。虽然光影黯淡，但他确定这就是自己日思夜想的佳人。

美，原来就在自己身边，只待自己去发现。此时与他相望的女子，远离灯火辉煌人头攒动的闹市，独自在灯火阑珊、人影稀疏处，看着风景。这便是他喜欢的佳人，"出淤泥而不染，濯清涟而不妖"，在这嘈杂闹市熙攘人群里，独自品味风光，不随波逐流，亦不炫耀人前。

辛弃疾并未写出她的名字，或许她是后来续娶的范邦彦之女——范氏，既然已经无迹可寻，后人也就不必暗夜乱翻书，非要查个水落石出不可。至少有一件事是值得庆贺的，人山人海中，辛弃疾终于找到了知音，找到了这污浊乱世中的唯一寄托。

辛弃疾满怀报国之志，沙场秋点兵的飒爽英姿之下还有着如此细腻婉约的情致。"花千树""宝马""雕车""凤箫""玉壶""黄金缕"，种种华丽词藻精心营造铺陈出一片繁华景象，元宵节的气氛隔了千年，好似依然能扑面而来，"放""吹落""香满路""声动""光转"让这种香艳气息更加形象动人，而所有的堆砌都是为了"众里寻他千百度"的"蓦然回首"，细读至此，恍然大悟，顿生一眼万年、天荒地老之感。

王国维在《人间词话》里用"众里寻他千百度，蓦然回首，那人却在，灯火阑珊处"来形容立业治学的第三层亦即最高层境界，即看山还是山，看水还是水，历经人世百态世事变迁，终于发现经过千辛万苦追寻，原以为遥不可及却近在咫尺，只叹被尘世五光十色的灯火迷了眼，没想到一心等待的，就在"灯火阑珊处"。

亦有人云，那灯火阑珊处甘于寂寞的女子，实则是辛弃疾理想的一种寄托、一种化身。虽然政治失意、壮志未酬，依然独守寂寞、清高，绝不愿与世俗同流合污的高尚情操。

知交零落，聚散匆匆

相遇，而后分别，是人的宿命。相知，而后零落，亦是人解不开的结。倘若在人心险恶的世间，拥有两三个志同道合的知交好友，能够聚在一起饮酒品茶，共谋国事，指点江山，算来也是一种安慰。无奈人生聚散匆匆，此恨最是无穷。在滁州与范倅挥手告别后，辛弃疾也得到新的任命，这次的驿站是建康。

每座城市，都有或动人或晦涩的故事，而挖开建康的每寸土地，剥开每处城墙，甚至护城河的每道水纹，都散发着新鲜而古老的气息。人在这样的城市中，难免会被往事所缠绕。一匹单骑、简单行囊，数日的行程之后，辛弃疾又一次来到了这里。此地一如往昔，丝毫未曾改变，而他除了在辗转的仕途中赚到了几圈年轮、几多沧桑、几缕白发，也是一如当初。

但这一次他不必伤感，因主战派叶衡仍在此地任官。先前辛弃疾在这里任通判时，便与叶衡成为至交。叶衡欣赏辛弃疾的才干，辛弃疾佩服叶衡的见识，所谓惺惺相惜，两人彻夜长谈，共商国是也不是没有的事。又一次来到建康，辛弃疾还未来得及将行囊放稳，便匆匆来至叶衡府上。

物极必反，先祖给我们留下的至理名言，果真是灵验得可怕。当辛弃疾还未将叶衡为他备的茶喝完，就得到叶衡将要到临安任户部尚书的消息。虽说在孤独与寂寞的境遇中，会使人睿智，然而谁会甘愿一直被封锁在寂寞的洞穴中，不见天日呢？这首《菩萨蛮》写给叶衡，也写给落单的自己。

青山欲共高人语，联翩万马来无数。烟雨却低回，望来终不来。人言头上发，总向愁中白。拍手笑沙鸥，一身都是愁。

——《菩萨蛮·金陵赏心亭为叶丞相赋》

《景定建康志》记载："在（城西）下水门之城上，下临秦淮，尽观览之胜。"站立于赏心亭上，建康城西的逦迤美景可尽览，秦淮河上的曼妙歌声可尽闻，悦目赏心，难怪古人名之曰"赏心亭"。

此时，美景依然旖旎诱人，秦淮河依然轻烟笼梦，曲歌依旧婉转温润，而身在此地的辛弃疾拾级登亭，极目远望时，却无心留意这风花雪月的浪漫，他看到的是岁月斑驳的城墙，是长了苔藓的青瓦，是被搁浅了的梦想。

青山有情，高人难遇。世间的千里马与伯乐，从不成正比，故而才有了那么多望远登高、写词填赋的人。辛弃疾用南归十二年的光阴，换来了一个赏识自己的伯乐，不料又是擦肩而过。可见"越努力越幸运"这句话，用在辛弃疾身上，并不恰当。

"高人"即叶衡，《宋史·叶衡传》中，言其"得治兵之要"。且叶衡对辛弃疾极为赏识，不仅仅推荐他任江东安抚司参议官，且向朝廷说辛弃疾"慷慨有大略"。人生匆匆几十载，伯乐终难得，如今遇见也不过是竹篮打水，空欢喜一场。

逶迤的青山以万马奔腾联翩迅疾之势，聚集到赏心亭，有万语千言想要诉说，却仍是语噎在喉，话不成声。一个"欲"字，赋予青山以人的性情，急切之姿清晰可见；"联翩万马来无数"短短几个字即描绘出一幅叠嶂奔驰、万马回旋的开阔图景，仿佛置身在疆场之中，灵山的飞动之势瞬间跃然纸上。辛弃疾每一次落笔，都是征战挥旗的姿态，豪迈狂放是他一贯的标签。

却偏偏有如轻纱一般的空蒙烟雨，笼罩在天地之间，"高人"在"青山"面前时隐时现，伯乐在辛弃疾面前明明灭灭。高人离去，连带晴好天气也一并带走，辛弃疾的突兀奇崛之笔，到此处渐渐低回宛转，一再希望又屡屡失望，再炽热的心也会转凉。渴望奔赴战场，恢复宋室河山，却再三受挫，他把期盼寄予高人叶衡，无非是想驰骋疆场。而还我河山的胜利却始终如徘徊的青山般久久不至，现实与梦想的巨大落差让词人愁肠百转，豪情渐渐淡去时，悲戚便袭来。

上阕词人无一字一句提到愁，但落寞失望的思绪已如细雨浸润在字里行间。下阕临水运笔，却不言自身之愁，而作揶揄沙鸥之语。辛弃疾望着通体雪白的沙鸥，回忆起人们总说发鬓因愁而白，不禁拍手言笑，原来小小的沙鸥竟是世间最为烦忧的了。愁情在笑中看似已烟消云散，实则已深入骨髓。笔调的轻快，只是一种欲盖弥彰的伎俩罢了。原来笑和泪水，正是磁石的正负两极，相互矛盾，却又相互吸引、融合无间。

合该抛头颅、洒热血才是辛弃疾的归宿，而他却一再登上山顶，待青山与高人语。

辛弃疾看着叶衡官运亨通，平步青云，不出半年便擢升为右丞相兼枢密使，成为宋孝宗跟前最大的红人，再看看自己无论是梦想还是仕途都毫无起色，心中着实有些酸楚与落寞。公务越是稀薄，愁绪便越黏稠，驾车出游也就成了常事。归来时，研磨作词，也就成了习惯。那一日游完蒋山后，辛弃疾提笔运书，词成之后，他把它寄给了叶衡。

独立苍茫醉不归。日暮天寒，归去来兮。探梅踏雪几何时。今我来思，杨柳依依。

> 白石冈头曲岸西，一片闲愁，芳草萋萋。多情山鸟不须啼。桃李无言，下自成蹊。

——《一剪梅·游蒋山，呈叶丞相》

孤独，是人类最原始的情感。每首诗或是每首词背后，都站着一个孤独的文人，而他们的背后都有一段孤独的故事，或遭受谗言，或故国不再，或仕途不顺。柳宗元曾"独钓寒江雪"，苍茫大雪中千山万径竟然连一只飞鸟、一个人的踪迹都不见，只有他身披破旧蓑衣乘一叶孤舟而来，独坐在汉江边垂钓。时隔几个世纪，辛弃疾一人来到蒋山打捞或是打发寂寞。

蒋山即今南京紫金山，此地山环水绕，林翠花红，自是人间好去处。叶衡离去之后，辛弃疾实在无聊，那一日东方还未被朝霞染红，他便迎着比情人还暖的阳光，向蒋山而去。当傍晚氤氲的暮霭层层缭绕，微凉的寒气爬上肌肤时，他才驱车赶回。其间的所见所闻，他没有一一赘述，只道了句"归去来兮"。陶渊明向来厌恶官场，飘逸如他，潇洒地在浑浊的尘世全身而退，田园中鸡鸣狗吠、草盛豆稀也是欢愉。而辛弃疾却无处可归，齐鲁之地被金人牢牢把持，在战场上叱咤风云更是遥遥无期。

走得最快的从来都是时间，所谓挽留只是徒劳，只会伤感。旧日与叶衡来时，此地尚被皑皑白雪覆盖，寒梅俏立枝头，而今已是杨柳低垂，春风依依。送别了一批又一批人，却始终送不走自己。辛弃疾不曾辜负梦想,却一直被梦想辜负,想想也真让人心酸。

带着这般情绪旅行,好山好水也染了闲愁。曲岸之西,白石冈头,萋萋芳草,铺展到天之涯海之角。这无边的翠绿落到词人眼里,自然铺成了漫无边际的愁。人人尽说,一个人出行,是身体与灵魂的对话,邂逅的美景、得到的感悟,其实是另一半自己的回归。走在路上,辛弃疾倏然间知晓这愁来自何方,又该去往何处。

山鸟多情,兀自啼鸣,仍是留不住春日的步伐,而桃李无言,却默默把春色播进土壤。在寒梅还未绽放,春日又渐行渐远,逐渐消失在夕阳中时,辛弃疾把游蒋山所得的妙悟,写成了这首词。想来,作词之前他已生了要寄给叶衡的念想,而后铺纸、研磨、揍笔、手书、封缄,这繁复的过程中,定是带了醇如酒香的期许与盼望,相信叶衡启封后,也会明了辛弃疾桃李成蹊的愿望。

然而不是所有的江河都能到达海洋,也不是所有的愿望都有清晰的形状。等待的时日越多,前路越是渺茫。知交一走千万里,就算信笺漂洋过海,寄到他手中时,青涩的时光已经泛黄,沏好的茶水也已经转凉。

人海茫茫,原来只有自己与倒影相对。

把酒问月，几度月圆

后人常把辛弃疾与苏轼并论，合称为"苏辛"，两人虽同属于豪放派，但各有其美，各臻其盛。王国维在《人间词话》中说得好："东坡之词旷，稼轩之词豪。"旷，侧于境界阔大；豪，指气势不凡。后人也曾云："魄力之大，苏不如辛；气象之高，辛不逮苏远矣。"然而就是这吞云吐雾、排山倒海、浪滚潮涌的魄力，将辛弃疾的性情淋漓尽致地体现，给人以慷慨悲歌、激情飞扬之感。

因他胸中有真气，有奇气，故而落笔成诗时，寻常事物也会蘸上别样色彩，青岚是万马，山林是刀戟，弦歌是战鼓。就连时而缺损、时而圆满的月亮，都与常人眼中的不同。

一轮秋影转金波，飞镜又重磨。把酒问姮娥：被白发、欺人奈何！

乘风好去,长空万里,直下看山河。斫去桂婆娑,人道是,清光更多。

——《太常引·建康中秋夜为吕叔潜赋》

翻遍史料,吕叔潜的记载皆是寥寥几笔,只知其名为大虬,与辛弃疾交好。也罢,能得辛弃疾词笺之人,想必也是志气奇高,与辛弃疾甚为相合。

自古以来望月抒怀,与登高望远一样普遍。月亮也确实以阴晴圆缺之故,赢得了世人久久追问。它每三十天圆满一次,又消失一次;它晶莹明亮却冰凉如水;即使在最亮之时,它身上也有朦胧的阴影。因为未知,所以探寻,好奇与征服,是人类与生俱来的天性,无论是征服一个人,还是征服一条路,都使人斗志昂扬,激情荡漾。月亮如谜一样存在,恰恰戳中了人类的死穴,千万年以前至今,每个时代的人都曾对它发出过追问。

中国历史上有记录的第一个追问者该是屈原,他以《天问》问天:"天何所沓?十二焉分?日月安属?列星安陈?"天与地在哪里交会?黄道怎样十二等分?日月天体如何连属?众星在天如何置陈?

李白这样写月:"今人不见古时月,今月曾经照古人。古人今人若流水,共看明月皆如此。"这是李白对人生无常的一种感慨。曾经对月感伤、望月怀远的鲜活生命都已化为尘土,一代代逝去，而唯有那轮时圆时缺的月亮千古如斯。

晚唐温庭筠词中，更是对人生的一种感知，月更是多了一种缱绻和浪漫，他说："心事竟谁知，月明花满枝。"闺中女子的心事，唯有这满枝繁花以及这满院月华知晓且懂得。弘一法师于即将圆寂之时，写了一封遗书给弟子刘质平，其中有一偈便是："华枝春满，天心月圆。"此般境界，正与"月明花满枝"相似，皓月当空，春暖花开，一切皆是宁静安详，再不起一丝喧嚣。这是生命的浑融完满，是绚烂之后的恬静安然。

而到了与辛弃疾同时代的苏轼，对月的追寻，则更接近生命本质，更侧重对世间万物的获悉与勘探。说到月，《水调歌头》是无论如何也绕不过去的："人有悲欢离合，月有阴晴圆缺，此事古难全。但愿人长久，千里共婵娟。"月的阴晴圆缺与人的悲欢离合皆不能掌控，但若心怀美好希望，十五的月圆也便不那么难等。

别有怀抱之人，常作奇语。现实理想不可得，便寄予高高在上的月亮，这是辛弃疾在中秋之夜唯一想做的事。屈原是学者式的探寻，李白是浪漫式的追溯，温庭筠是儿女式的缛丽，苏轼是体味式的期许，而到了辛弃疾笔下，则是天马行空、诡谲跌宕的倾泻与控诉。仰天望月，指点江河，他仍是世间独一无二的寻梦者。

在建康的生活如顺水行舟，得心应手，好似一轮圆月，而辛弃疾抬头仰望时，却犹如看到了一弯上弦月，清瘦而凉薄。自南归至今，已度过十二个中秋节。十二载，南宋仍旧在偏安一隅中日日笙歌夜夜曲，《后庭花》婉转而又奢靡的曲调，依然会擦过秦淮河的水波，荡到辛弃疾耳中。如今他已过而立之年，梦却还是以墨为底色。

正当辛弃疾的一腔忠愤无处可泻时，从湖中升至头顶的月亮，恰好揽住了他的悲伤。这一日，他置办了几碟小菜，又烧了一壶浊酒，邀来平日交情不错的吕叔潜，想要在月下大醉一场。酒是男人的味道，虽有清浊、好坏之分，却挡不住浓情相传。无酒不朋友，杯沿与杯沿相碰的一刻，对方已经听懂那未出口的言语。在席上，辛弃疾与吕叔潜频频端起酒杯，却不像往常一样谈论国事。

月华透过婆娑的枝丫，投射到他们身上及身后斑驳的墙上，杯中酒渐渐稀薄，桌上小菜也慢慢减少。夜已过半，杯盘狼藉时，不禁意兴阑珊。友人道出一句改日再聚，便携着影子摇摇晃晃离席。

只剩自己一人，虽免不了孤单与寂寞，但身与心同属于自己。无论是冥想还是写诗作词，都最空灵，最切合自我与本真，而将一切杂质过滤。吕叔潜离去，恰好让他蘸着微微醉意，诘问这轮被无数人吟咏过的月亮。

一日中，唯傍晚最感凄凉；一年中，唯秋天最感薄意。繁华已逝，即将跌入最暗的境地，恐慌有之，不甘也有之。此时黄昏已过，迎来了令人最绝望的子夜，辛弃疾就在这般境遇中，又一次觉察到他老了。梦想还与从前一样青涩，而两鬓却悄悄泛白，这恐怕是世间最残忍的事了。

借着在愁肠中翻滚的酒意，带着空掷光阴的怨怼，携着蹉跎岁月的愤懑，以及捧着报国无门的悲愤，辛弃疾指天而问：被白发欺人奈何？漏沙从不停止，时光永在飞逝，人生能有几度月圆，月圆之时，又有几度人团圆、梦圆满？岁月欺人，时代荒蛮，他从少年到青年，而今已是壮年，终究是大志难遂，大业不成。月到中秋分外明，然而一无所有的人，却是分外愁。

正如等待是思妇唯一表达爱的方式，把酒问月也是辛弃疾唯一排遣恼怒的路径。如若上阕寥寥几语已有一夫当关万夫莫开之势，下阕的自问自答，则承接其上余续，又开万丈豪情。浪漫飘逸如李白，坐拥八斗才华，却被排挤出长安，于悲愤之际，写下《行路难》："长风破浪会有时，直挂云帆济沧海。"此中有不满，有茫然，但更多的则是倔强、自信，以及对理想的执着追求。

心怀天下之人，最能兼容并蓄。辛弃疾汲取了李白的这份浪漫与执着，又融入自身的魄力与豪迈，一挥笔便是："乘风好去,长空万里,直下看山河。"愿乘风高蹈,直凌九霄,于长风万里处下顾祖国万里河山。却道是,半边风雨半边晴,长江以南风光正盛,长江以北阴雨绵绵,让人情可以堪?

辛弃疾是欲有所作为的,在异乡流浪,虽然孤独清苦,但因有梦可织,孤寂倒也变得稀薄。山河偌大,月华再皎洁似雪,终有照不到的地方。在酒中半醉半醒的词人,出口便是狂言,他要攀上月亮,将那些婆娑的桂树统统砍倒,让人间获得更多的清凉月光。

北宋的晏殊居高位,享富贵,故而笔下多是雅致婉转的爱情词,虽也写了不少愁情,却多是"为赋新词强说愁";柳永一生在勾栏瓦肆中,坐拥红粉佳人,故而笔下多是莺莺燕燕的艳情词,虽曾游冶大江南北,留下不少羁旅之作,也无非是路中令人惊叹的风华、撩人的相思。辛弃疾没有赶上宝马香车在如屏芳景中穿梭的繁华北宋,故而每首词都寄含重托。

周济读罢这首《太常引》,在《宋四家词选》说,"桂婆娑……所指甚多,不止秦桧一人"。他认为"桂婆娑"指反对收复中原的投降派,这一理解固然有见地,但仍有不足之处。于辛弃疾心中,这阻挡月光的桂婆娑影子,除却指朝廷内的投降派,更指北方的金人势力。金人一日不除,他心一日难安。

古人不乏对月抒怀的篇章,然若要写得出彩绝非易事。辛弃疾这首在醉中挥就的词作，固有因诡谲的神话、超脱的风格凝结而成的美，但若少了凌云的气势、深沉的情感，定会在浩渺词海中失了光彩。把酒问嫦娥，乘风凌太虚，直下看山河，斫去桂婆娑，这岂是常人所有的魄力？金戈铁马，千军万骑，驱逐金人，收复山河，这岂是常人所具的胸襟？辛弃疾之所以在斑驳历史中，站成一尊不老的雕塑，也正是因了让旁人汗颜的执着与胆识。

然而命运却一再为难他。月的圆缺阴晴，就好似他与梦想的缘分，时而靠近，时而远离，时而清晰，时而朦胧。年年岁岁月相似，而梦在岁岁年年中，或许就变了模样。无关人心，而关乎时代。

可惜流年，忧愁风雨

别无所求，安于现状，也不失一种平淡的幸福。人生本就是一条向死而行的路，无论是天子贵胄，还是贫民庶人，都再无其他归宿。死后方知万事皆空，而生前的兢兢业业、汲汲营营，在死后也无非是一缕青烟，袅袅而散。

故而，在洞悉生命的秘密后，庄子与蝴蝶为伴，逍遥而游；老子主张无为而治，遂成伟大的思想家、道家学派创始人；竹林七贤以山林为乐，饮酒作诗，好不快活；陶渊明醉在田园，以物质的贫瘠换来精神的丰饶，着实让人惊叹。

在自己的世界中，他们成就了最好的自己，任凭窗外狂风夹杂雨声，也不改变初衷。但圣人毕竟是少数，活在时代中，却逃离时代，也并不是每个人都会练就这样的本领。辛弃疾同多数人一样，属于尘世，故而脱离不了尘世，放不下尘世。于是，他将梦想紧紧攥在手中。殊不知，在南宋恢复故国的梦，如手中的一捧沙，越是攥得紧，越是什么也剩不下。梦想仍旧在他将要开启的下一扇门再下一扇门之外。

自淳熙元年（1174年）来到建康任职，他一再登临周览，悼念故人，悲慨自身，心情如被水洇开来的一滴浓墨，黑色迅疾向周边晕染，渐渐将他吞噬。

建康的秋天，并不比别处的更寒，而辛弃疾的心却一直由冰凉到凛冽。如果说他愿做一个画家，想要在最好的年华，给生命中最诚挚的梦镶上最隆重的颜色，再借由时代无穷变幻的光影，画出一朵恣意盛开的生命，而南宋在南归之时，赏给了他画笔、宣纸、颜料，却从未给他作画的机会。当他在书房一隅借着忽明忽暗的烛光，偷偷将画作完成，呈给朝堂时，得到的也不过是嗤笑罢了。

回首南归这一路，江阴是他的第一抹冷色调；《美芹十论》完美无瑕，在天子眼中却是废纸一张；滁州的繁华，终究也没有带来梦的苏醒；建康虽是重镇，而他也顶多任个闲职。长久放置不用，他的心自然就在这个秋日的寒潭里搁浅，虽有少许朋友偶尔相聚，熨帖出些许暖意，可终究不能长久保温，待他一人独处时，冰冷的潭水还是会没顶而来。

与大唐雍容华贵的气质相比，宋代的确是有一点纤弱的，它在北方金人的映照下，显得羸弱、纤细、胆怯。金戈铁马，四方来朝的辉煌已定格成回忆。但宋人却同样过得如鱼得水，秦楼楚馆尽是罗绮飘香，秦淮两岸笙歌不断，在这般繁阜酥软的环境中，文武大臣实在眩晕得厉害，人生苦短，恨不得秉烛夜游，哪里还顾得上驱逐鞑虏、恢复中原。

偏偏是，众人皆醉中，有人独醒。欲进不能，欲罢不忍，处在这样尴尬的十字路口，辛弃疾无论是向左走还是向右走，都找不到实现梦想的途径。于是，登高与作词，便成了宣泄的出口。

楚地，自古以来便有不羁、感性且浪漫的气质。屈原历遍楚国山水，欲以绵薄之力，泽及当时，荫庇后人，不料美人迟暮，宦官把权，最终自沉汨罗江以明志。辛弃疾如今身在楚地，念及前人，不由得想到自己。他登上建康赏心亭，仰望楚天，千里之外，皆是云淡风轻，天高气爽。自然界中秋色无边延伸，心上的深秋也浓墨重彩而来。视线尽处，天际线渐渐下移，水天交汇处，是如万马奔腾、浩浩汤汤奔流不息的江水。

辛弃疾的词中，凡涉及节令，不是暮春便是秋日。并非词人心中盛不下暖意横生的三月阳春，不青睐绿意铺展的热烈盛夏，实在是落叶飘零的萧索寒秋，与他无处安放的心灵，贴合得天衣无缝。被梦想放逐，即是被人间大好风光抛弃，再苍茫寥廓的风景，进入他的瞳孔，也会染上无边秋色。辛弃疾叹一口气，又极目远眺，眼之所及是挡不住的千叠万峰，蒙蒙山影隐隐约约缀在一幅天地织成的幕布上，或像美人头上插戴的玉簪，或像仕女头上螺旋形的发髻。

可惜这壮美山河却"献愁供恨"。辛弃疾向北望去，即是江淮前线，而他却置身事外；更上一层楼，再向远处望，即是西北神州，旧疆万里仍被金人把持，收复无望，心自然蒙上尘埃；转身向南，虽是锦绣山河，却只剩半壁。原来登高是一剂毒药，是戒不掉的瘾，偏偏辛弃疾沦陷在壮阔繁华的风景中，落了寂寞，也荒芜了人生。

然而，荒芜的又何只是他一个人的生命呢，连同城市以及时代，都渐渐成了一堆野草。不知不觉中，夕阳下沉，余光扫过赏心亭时，又惹起了辛弃疾的蹉跎感。也罢，昨日本就是今日的梦魇，他辛弃疾已经在茫茫世间漂泊得太久了，这一次就让他在斜晖脉脉中，在归鸿凄凄的啼声中，尽情地感伤一回吧。

豪壮一旦与绝望交织，往往会形成一场飓风，瞬间将万物化为乌有。此时的悲伤，便少了一般文人的羸弱与柔软，而是裹挟着如磐石般坚硬的力量，好似正午时分太阳灼热刺眼的光芒，让人不敢直视。辛弃疾在华丽而伤感的梦中醒来，看尽吴钩，拍遍栏杆，将强烈可摧毁一切的悲愤，施给腰间的宝刀、亭上的栏杆。好一位无奈的英雄，只得把一腔有关家国的梦，遗落给残损的现实。可是在这空空寂寂的时代中，谁又能抚平他褶皱的心情？

一腔报国的热血无处挥洒，积郁的情愫终化成了这篇《水龙吟》。传唱千年，依旧动魄人心。

楚天千里清秋，水随天去秋无际。遥岑远目，献愁供恨，玉簪螺髻。落日楼头，断鸿声里，江南游子。把吴钩看了，栏干拍遍，无人会、登临意。

休说鲈鱼堪脍，尽西风、季鹰归未？求田问舍，怕应羞见，刘郎才气。可惜流年，忧愁风雨，树犹如此！倩何人唤取，红巾翠袖，揾英雄泪？

——《水龙吟·登建康赏心亭》

建康以虎踞龙盘的险要地势、玉簪螺髻的秀美风骨、笙歌香酥的繁华秦淮著称。六朝古都又为它添了一层文化底蕴，文人墨客到此必不会吝惜笔墨，墙壁之上尽是淋漓字迹。辛弃疾登上赏心亭，心有郁结自然会淌成一条河。这首《水龙吟》当属最负盛名的登高之作。

西风起，秋节至，合该北雁南飞，游子归乡。晋朝张翰在秋风起时，想起家乡味美色鲜的莼羹鲈鱼，便毅然而然辞官而回。此时，于辛弃疾而言，艳羡固然有之，但更多的怕是归家与做官的尴尬选择。归家自然是游子的愿望，然而此时家乡仍处于金人铁蹄之下，如若像张翰一样逃避现实，置破败山河于不顾，南宋最终会被金人吞噬。但是纵然如刘备一样心怀天下，如桓温一般志气高远，辛弃疾一人也难以扭转南宋乾坤。

"可惜流年"，一个"可惜"，饱含多少无奈。词人年岁渐高，再闲置恐再无力为国效命，再冷落怕终生成悲剧。却偏偏，这个羸弱无骨的时代，这个破碎不堪的国家，果真让他跌倒后无力爬起。结局在来临之前，生命诚然是一种诱惑，诱惑着世人一步步向前，去探索最终的答案。殊不知，如辛弃疾一般，最后一无所获却疲惫不堪的人，有几何。

这果真是个无奈的时代，他果真是个无奈的英雄，世人皆有三两好友，就连向来无真情的勾栏瓦肆中，尚且有红粉佳人在侧歌唱侑酒，而辛弃疾匆匆几十载的人生，在井中打捞不起一个完整的梦，竟连一个懂他的人也不曾遇到。茫茫天地间，原来无人是知音。

孤独和悲伤、忧伤和苦痛，侵入辛弃疾的灵魂和身心，故而也沁满了他的词章。他并不愿浸在笔墨词章中，不愿就这样了却这看似绵长实则匆匆的人生，然而时代毁了他金戈铁马的梦，他只好躲进词的洞口，像受伤的野兽，自顾自地舔舐伤口。这一曲《水龙吟》将流年付给忧愁风雨的无奈和愤懑，渲染得淋漓尽致，正如陈廷焯所云："辛稼轩，词中之龙也，气魄极雄大，意境却极沉郁。"

后人的评价无论好坏,已经与辛弃疾没有丝毫关系。他写词,不过是给无处安放的激愤寻个恰当的出口。寻梦路上倏然间便成过去的时光,他兀自叹息,却无能为力。

流水无情,潮到空城头尽白,离歌一曲怨残阳。断人肠。
东风官柳舞雕墙。三十六宫花溅泪,春声何处说兴亡。燕双双。
——《酒泉子》

脉脉秦淮,悠悠不尽,见证了六朝的更迭,也见证了千古帝王的笑容和眼泪,更见证了两宋历尽风雨的起伏命运。然而流水无情,不过是历史的冷眼。繁华与落寞,它全不管不顾;相聚与离散,它也在斑驳错落的时光中司空见惯,愁肠百转、千折万断的不过是当事人罢了。

沧海变桑田,物在人已殁,世间比这更残忍的事或许再没有了吧。东风年年催醒杨柳枝,散出春日气息,而斑驳如许的雕墙,却泄露了往事的秘密。昔日宫殿换了一代又一代君王,不知人事的繁花成簇盛开后,竟也落下滴滴清泪。这泪,是替时代而流,还是为辛弃疾而淌,无人知晓,也无人说得清。寻常人家屋梁上的燕子,在夕阳中斜斜飞过,唧唧啾啾、叽叽喳喳地低鸣,好似在说着世人也无法说清的兴亡。也罢,这兴衰成败的事,就留给时间去弥合、去鉴定。

然而辛弃疾欲要以一己之身,复兴一个无望的时代,最后也只落得流年空负,千山万水也到不了对岸。想想也是,他一个人的力量,又怎能匡扶一个半倾的江山?有人曾说,辛弃疾用戎马一生的梦,换得万古流传的词,生命对他倒也公平。然而,谁又知晓,如若可以,他愿以淋漓的笔墨,换一场痛快的征战。

却只是,流年最终还是辜负了他。

第三章 后夜相思月满船

词中之龙，侠骨柔情

世上固然不乏相遇的幸事，而离散的悲愁却也如散不去的乌云，时时盘绕头顶。途中的悲欢离合，辛弃疾自然体味甚深，却迫于梦想的驱赶，一次又一次随着朝廷的召唤，辗转他乡。

对辛弃疾而言，每次出发，皆是一次探险，都足够让他血液沸腾。好在妻子也是通情达理之人，为他打理好行装，嘱咐的话说了一遍又一遍，令人耳中生茧，待忍不住又要说起时，又怕对方厌烦，一寸柔肠百转千回。辛弃疾虽以功业为重，却也是个懂女子心事的，离别在即，他没有多说什么，只是拍拍范氏的肩膀，道了声"珍重"。四目相对，一声珍重，已是不善言谈的辛弃疾最饱满的深情。

而后，千山万水，只是一个人的风景。在岑寂的夜中，辛弃疾独自观月、赏花，也并非没有悔意与难过。多少个无眠时刻，辛弃疾悄悄去揣测妻子的日常起居，描眉匀脂、穿针引线、洒扫庭院、摆花弄叶，这无疑是每日琐事，但这一切却偏偏抵不过惦念和相思的分量。

> 敲碎离愁，纱窗外、风摇翠竹。人去后、吹箫声断，倚楼人独。满眼不堪三月暮，举头已觉千山绿。但试把、一纸寄来书，从头读。
>
> 相思字，空盈幅；相思意，何时足。滴罗襟点点，泪珠盈掬。芳草不迷行客路，垂杨只碍离人目。最苦是、立尽月黄昏，栏干曲。
>
> ——《满江红》

故事在相遇时拉开序幕，而离别之后，相思和着怨恨，一并掀起爱情的另一处高潮。辛弃疾走了，妻子的世界从此昏天暗地，再无一日好风光。

花事来时，她因了双舟也载不动的思恋，无暇去观赏今年的杜鹃是否比去年鲜艳，牡丹是否比去年华贵，玉兰是否比去年迷人。春事将过，繁花簌簌飘落，她才惊觉又一年过去了。一人独自枯坐房中，耳边只听得风吹过翠竹的沙沙响声，这不合时宜的翠竹和风在静止的天地间显得格外突兀。她双眉微蹙，迈着碎步踱到窗前，似在抱怨这风这竹，将她如玻璃杯般的离愁，敲得粉碎。

爱辛弃疾，便也得爱他的梦想，理解他的远行。这是她的宿命，冥冥之中自有天意，她违背不得，心里的苦楚，只得和着泪咽下。最怕倚高楼，却日日登上层楼，或许站得高一点儿，再高一点儿，便可望见他的身影。最怕寂寞，却总是独自一人在空旷的房舍间穿梭，本可以用吹箫打发孤单，却又怕往日两人弄箫赏月的时光，衬得如今更狼狈不堪。

正如春光不常在，好花不常开，爱情蜜月期竟然也是短暂得可怕。众里寻他千百度，偌大世间，相遇并非易事，决定相守的那一刻，也断然料不到好时光竟然短暂到如小会幽欢，然后便是长久别离。辛弃疾策马离去时，自然界再美好的景致，也勾不起她任何的兴趣。花色凋零，千山翠绿，站在春日的尾巴上，她惊觉最美的年华，也在空劳无益的思念中，渐渐逝去。

事实上，美好的春景定不会在转眼间烟消云散，不过是因为眼前少了那个聚拢光华的人，天地间的一切就变得暗淡无光了。他走后，她的世界只剩下了黑白两色，白昼也如一场梦魇。唯有辛弃疾寄来的信笺，是这唯一的亮色。每每相思无以为寄时，她便将褶皱的信，拿出来一遍遍研读。好似纸页上的字，都是他的名字，都是他想念她的心事。

一位学者曾说，世间最有魅力的莫过于时间和文字，时间深邃难测，而有限的文字却可以描绘时间真貌，当真是悲壮之举。这在交通不便的古代，更值得感叹。一页手帕大小的纸笺，写上几行小诗，或是一首小词，甚至一句"安好，勿念"，而后交到送信人手中，蘸着风的温润、水的优柔、山的绵延，从这一个月圆到下一个月圆，信笺才会抵达对方手中。

见字如晤，这用篆体或是行书写就的相思，糅合了岁月的味道，让她透过千万里的距离，懂得了他的惦念。然而爱越深，越是贪心，贪恋柔情，贪恋光阴。这冷冰冰的薄纸虽满是思恋，终究载不动她如潮水般翻涌的爱意。

一滴泪水一缕情，得不到，望不到，无助的女子难免以红巾拭泪。说起这般将一生的爱都托付给泪水的女子，最为人熟知的当属《红楼梦》中的林黛玉了。她是绛珠仙子，生命的过程正是还泪的过程，泪中是情，泪中也含诗。她因眼泪修成，因深爱宝玉，便把一生的泪水都倾注到他身上，为他生，也为他死。只可惜，在香消玉殒时，她用生命挚爱的男子，却娶了别人做新娘。

这首《满江红》中，辛弃疾的妻子也是这般以泪寄情。她要的并不多，无非是陪伴，却偏偏辛弃疾给不了。想到这些，点点泪水，又湿了脸庞。滴泪成泉，不仅沾湿了罗襟，竟然都能用手来捧，原来她对辛弃疾的深情，并不比黛玉对宝玉的少。

爱情或许就是一个赌注，认真的人多半会输。然而，越是输得彻底，便越执着地下注。将一生押在里面，用等待期望他归来，笃定他终有一日会再出现，于是一次又一次倚楼而望。只可惜就算望眼欲穿，任凭黄昏落幕、弦月初升，也有垂杨遮掩，望不到天涯极处，也等不到他翩然而来。

一条路因婉转掩映才有曲径通幽处的惊喜，一段爱情因思念与等待才有百转千回的圆满与丰盈，正如甜蜜不若苦痛来得刻骨，婉曲恰恰成全了爱的厚重与深沉。这首替妻子相思的《满江红》，将离恨与相思晕染得温婉细腻，正是辛弃疾无法掩盖的汹涌爱意。

辛弃疾总是处处给世人惊喜，金戈铁马的英雄有着刀尖上的渴望，却也如花间词人在园林中拈起了爱情的花朵，且妩媚处不见腻俗，哀婉处不见糜烂。刘克庄曾在《辛稼轩集序》中言："其秾纤绵密者，亦不在小晏、秦郎之下。"晏几道、秦观善写爱情词，多半纤细、凄婉，而辛弃疾因气质豪放雄大、笔力超迈，故而下笔写艳情词时，也是婉而不媚，哀而不伤。不仅仅《满江红》如此，另一首他以妻子的口吻，谴责自己薄情的词作，亦有这般特色。

万万千千恨，前前后后山。傍人道我轿儿宽。不道被他遮得、望伊难。

今夜江头树，船儿系那边。知他热后甚时眠？万万不成眠后、有谁扇？

——《南歌子》

辛弃疾并非不留恋妻子香酥的怀抱，但他更记挂万里河山。

故而，离别便成了生命中解不开的结，爱情也成了一团拨不开的云雾。他在妻子的世界中来过一下子，而妻子却要用整个青春和生命，记挂他一辈子。

离愁从离别之日起便植于心田，因着深情厚谊的滋养，方才一日日蓬勃生长，占据心灵的庞大空间，以致终有一日令人窒息难耐。最初，定然是只有爱的，因爱而想念，因想念而痛楚，无奈别离太久，音讯皆无，难免就生了怨，由怨而恨，恨千山万水的屏障，也恼那人竟然全无消息。而这一切的初衷，本都是因爱而起。

这前前后后的山，好似那万万千千的愁。在等待的时日中，爱与恨如雨后的笋，于贫瘠的土壤里也能疾速拔节生长。爱得焦灼，恨得也蚀骨，在爱与恨的罅隙中，她被挤压得喘不过气，却也只得守着孤寂，等待明日，等待他的归期。这其中有几多苦楚，旁人不知，只有她自己晓得。

她嘴上说恨，暗里却时时为他担忧。虽然与他隔山隔水难以相见，却痴痴猜想他的小舟，系在了柳树哪一边。夏日燥热难免，是否会有人在他难以入睡时，为他轻轻扇来细碎清风。原来，女人的爱情，是这般口是心非，是这样一种千里万里之外的挂怀与宠爱。

辛弃疾这番细腻的揣测，虽然不能否认有些被人深爱的沾沾自喜，但更多的则是对妻子的理解以及思念。虽然在辛弃疾词中，艳情词只占很小的分量，而情之深浅从不以数量为论。辛弃疾刀戟戎装的梦想，在妻子的一汪痴情中，慢慢地靠岸。

男人不止一面，英雄更是如此。遇见佳人前，他们戴着孤独的面具，凌驾于万人之上，而遇见佳人的那一刻，他们才渐渐复活。力拔山河气盖世的项羽，在战场挥刀舞剑，坚韧如钢，而恰恰虞姬戳中他的死穴，成为他的软肋，他也由此懂得人间烟火的美。苏轼面对赤壁，高声唱道："大江东去，浪淘尽，千古风流人物。"而在妻子王弗十年忌日时，他凄凄惨惨戚戚，写下："十年生死两茫茫。不思量，自难忘。"因此，世人也透过他的层层铠甲，洞彻了他柔软的内心。

辛弃疾亦是如此。如若说豪放词是辛弃疾的筋骨，而婉约词则是他的血肉。筋骨固然让他的脊梁挺拔，让他的双足为国奔波，然而正是血肉让他完整，让他有了温度，他才得以饱满的姿态，走进后人的心里，而不是一尊只适合仰望的雕像。

辛弃疾在辗转的追梦途中，有人可以想念，也不失一种幸福。

青山依旧，江水东流

在南宋这座大厦中，辛弃疾本应是顶梁之材，却生生做了一颗可随时被抛弃的螺丝钉。虽说高处不胜寒，然而有志之人，谁又愿意一直做缝缝补补、敲敲打打的工匠？

自南归以来，他从未上过前线，战火映天时，他只得被囚禁在书房中。舞刀弄枪的事，也只是现实折射到梦中的幻象。

滁州也好，建康也罢，虽郁郁寡欢，他仍将分内之事完成得完满且漂亮，这并非没有引起朝堂的注意，也并非没有得到天子的认可。然而，大敌当前，统治者不得不多一分谨慎，他们是怕辛弃疾重兵在握后，保不准哪一日就会反戈一击。身份的流离，找不到归属感，或许是阻挡辛弃疾实现梦想最大的绊脚石。在南宋朝廷眼中，辛弃疾是个外来人；而在金人眼中，辛弃疾是个背叛者。家在北方，却被金朝牢牢盘踞，辗转途中，仿佛哪里都是异乡，奔波也便成了他的宿命。

这不禁让人想到金庸笔下的乔峰。他身上流淌的是契丹人的血，却在南朝长大。一个是生他的地方，一个是养他的地方，在两国发生冲突时，乔峰不得不在夹缝中做出两难选择。虽然最终为两国的和平付出了生命，可他仍未得到宋人的认可，也未得到契丹人的原谅。

悲情的英雄，身世难免似浮萍。在宋孝宗淳熙三年（1176年），茶商贩子赖文正组织起义。起义队伍自湖北转入湖南，又由湖南转入江西，势如破竹，让摇摇欲坠的南宋朝廷慌了手脚，情急之下便又想起被冷落许久的辛弃疾。临圣旨如同面圣上，辛弃疾接到任命，再一次和范氏告别，舍去温柔乡，走进火热的深潭里。匆匆岁月，他辜负了妻子的柔情，而梦想又辜负了他的赤诚，拥有的舍去了，追寻的从未得到，生命的轮回好似从来不对他负责。

在途中经过江西万安县造口时，辛弃疾仿若走进了一个历史的旋涡，无论做怎样的挣扎，都无法逃脱。于是他勒马停留，挥笔在江边的石壁上题了一首《菩萨蛮》。

郁孤台下清江水，中间多少行人泪。西北望长安，可怜无数山。青山遮不住，毕竟东流去。江晚正愁余，山深闻鹧鸪。

——《菩萨蛮·书江西造口壁》

宋高宗建炎三年（1129年），金兵大举南侵，所到之处皆是烧杀抢掠，百姓流离失所。软弱无能的南宋朝廷无力抵抗，只好一路南逃，宋高宗被迫浮舟海上，隆祐太后亦是狼狈不堪，一直逃到赣州才得以喘息。辛弃疾站于此地，当年的逃难如胶片显影般渐次清晰起来。然而中原至今未收复，心中激愤自然难平。可拳头握得再紧，又向谁挥去呢？纵是有心杀贼，怎奈无力回天。悲从中来，却无法征战沙场，只能以笔作枪，抒写心中的忧愤。

郁孤台坐落于今江西赣州贺兰山顶，因树林葱郁、山势高阜、郁然孤峙得名。据《方舆胜览》所载："隆阜郁然，孤起平地数丈，冠冕一郡之形胜而襟带千里之山川。"登上郁孤台，逶迤的山光水色及赣州全景，皆可入目。风光越是秀丽、壮阔，词人便越是心痛、落寞。

远方孤零零立在江水之中的高台，如同词人自己孤零零地立在这小舟之上。天边乌云密布，压得人喘不过气来，这沉郁的气氛简直要把词人吞噬了。他赶紧收敛目光，将视线移到所乘的小舟之上。只听得滔滔江水声犹如人的哭泣声。是谁在哭泣呢？是狼狈逃窜的君王，是千千万万流离失所的百姓，还是词人自己呢？恐怕都有吧，所有人的泪水滴落到江中，引得江水都随之呜咽。

一个"郁"字点出此时沉郁的气氛，一个"孤"字令这座高台增添无限的独立和巍巍之感。当看到沉郁孤立的高台，辛弃疾胸中不由得生出一股激愤，以"郁孤台"三字作为整首词的开端也就不足为奇了。身临高宗逃离、隆祐太后被追之地，又感国势颓微、金人猖獗，虽有报国之志、复国之才，却如一块废弃的土地，始终入不了朝廷的眼。辛弃疾这般苦楚，怕也只有这混合着伤心泪的江水知晓一二了。

比辛弃疾早出生十五年的陆游，一生积极抗金，却也是屡屡遭到朝廷中投降派的排挤，面对破碎的山河以及颠沛流离的百姓，他心中的悲愤亦是不言而喻。他毕生的愿望便是收复北方山河，但到风烛残年也未能如愿，只得在诗中明志。"死去元知万事空，但悲不见九州同。王师北定中原日，家祭无忘告乃翁。"这首《示儿》自是其拳拳之心的印证。

与陆游的《示儿》相比，辛弃疾的《菩萨蛮》多了几分苍凉与萧瑟，也多了几分沉郁与深厚。他抬眼望，望西北，望长安，隔着崇山峻岭，北宋曾经游冶繁艳的都城，却始终望不见。然而就算望得见又怎样呢，它早已是属于别人的东西。

以赖文正为首的茶商贩子仍作恶横行，朝廷的任命也已下达，辛弃疾此时又有了一试身手的机会。虽然不是手刃金人，但武将出身的他，仍有跃跃欲试的情怀。于是他自行组织了一支地方军队，仅仅三个月便击溃了茶商武装。

征服一座山，靠的不是蛮力，而是坚持不懈的顽强，正如征服一个梦想亦不是极速出击,而是一小步一小步前进。辛弃疾平茶寇的胜利,让他此前的种种辛酸如浮云般被风吹散。

满满的信心,恰恰是他不达目的誓不罢休的决心。然而时局终究不容乐观,词人并未沉浸在对山河的美好想象中无法自拔。此时山深江晚,辛弃疾在暮色苍茫中又感沉郁苦闷,却偏偏心还未被焐热,就听到林木深处传来阵阵鹧鸪啼叫,声音苍凉凄清,让人不觉打了一个寒噤,心情顿时跌落谷底。眼看江面升腾起袅袅烟雾,愁绪又如水漫金山般,漫过辛弃疾的心海。

一恍惚的时间,周遭便又陷入了死寂,唯有那鹧鸪的悲凉叫声和着词人心跳的节拍,谱写了这一曲苍凉无奈的悲歌。

辛弃疾一再在鹧鸪"行不得"的啼声中踏上征程,追求他的梦,然而上路时,天气多半阴沉欲雨,偶有晴天也不过是一刻钟而已。尽管茶商军被顺利平定,他也得到圣上赞誉,但他仍像经了一场秋风的杨树,叶子簌簌地凋零飘散,碾落成泥。

心中悲愁情愫无处排遣,他便提笔作词,寄给赣州太守陈天麟。

落日苍茫,风才定、片帆无力。还记得、眉来眼去,水光山色。倦客不知身近远,佳人已卜归消息。便归来、只是赋行云,襄王客。

些个事,如何得?知有恨,休重忆。但楚天特地,暮云凝碧。

过眼不如人意事，十常八九今头白。笑江州、司马太多情，青衫湿。

——《满江红·赣州席上呈太守陈季陵太守》

  江水托起帆船，帆船载着梦想，本可以从此岸渡到彼岸，风却渐渐停息，梦也便在苍茫的黄昏中搁浅。往事不堪忆，在那山如眉黛、水如眼波的游冶时日中，佳人在侧，红袖添香，虽无助于梦想的实现，终究稀释了遥遥路途中的寂寞。然而历历在目又有何用呢，只衬得今日更萧索罢了。

  挥手告别佳人的温柔乡，在留恋中把旖旎风光甩在身后，走了一程又一程，路上的相遇与错过，都成了一种习惯。纵然知晓身后有炙热的目光等待自己归来，却终究无法回首。烙在地上的脚印还未勾勒出梦想的雏形，又怎么可能将归期定下？只是人们始终不懂，为何梦总要长在他乡的土地上，为何远行是圆梦的唯一方式。

  十几载的颠沛流离，花开花落，雁去雁来，辛弃疾依旧无法习惯将他乡作故乡，他仍然将自己认作此地的过客。纵然楚地山环水绕，云卷云舒，也无法慰暖他冰寒的心。

  世间幸福大多有相似的姿态，而不幸却各有形容。此时由于朝廷内部，主和派声势已完全压倒主战派，再加上退位的宋高宗施加的压力，纵然宋孝宗有心伐金，也是阻碍重重。况且近几年来，金国局势稳定，防备严密，南宋的军队根本无从进攻。北伐恢复事业，渐成暮春开至荼蘼的花朵，难免枯萎凋零的宿命。

正当辛弃疾为此眉头不展时，他又听到主战派叶衡被免职的消息，梦想城堡的屋顶本已有了漏洞，却偏偏遇上整夜的雨，一声声，点滴到天明，实实在在将辛弃疾浇了个透心凉。这一桩桩不如意的事情，令他两鬓成霜，也生生折断了他梦想的独木桥。

不必去笑话泪湿青衫的白居易，只怕自己此时欲哭无泪。

人说踮起脚尖，就会更靠近阳光，更接近梦想。然而纵然站得再高，还是有重叠山障滞留视线，脚下流水带他渡河，也带走了寸寸光阴。辛弃疾又一次站在人生岔路口，向左还是向右，是荆棘遍布还是鲜花铺路，生命在揭晓之前，从不透露丁点儿答案。

蛾眉见妒，闲愁最苦

　　特殊的家庭，特殊的年代，赋予了辛弃疾特殊的梦想。自出生之日起，他便开始追逐，途中不乏乍起的怒风和狂作的暴雨，但这并没有滞留他的脚步。青年之时，于北方揭竿而起的那一刻，梦想就如玻璃对着阳光反射出来的光环，焕发出五彩缤纷、光华夺目、奇迹般的美。正是这独一无二的瑰丽与馥郁，让他与梦想有了轻轻碰触，毅然南归的选择也成必然。

　　自信满满的他以为只要再前进一步，便可摘到梦想，在漫长的一生中，阳光只有一次机会照在他身上。太阳离开后，黑夜接踵而至，而他手中也只剩下了一块暗淡无光的普通玻璃。在南方，他一再拿着这块玻璃去寻求阳光，却每每到了明暗的交界处，又被朝廷的一道圣旨折了回来。因握得太紧，在还未觅到曙光时，便割伤了自己的手。

　　自宋孝宗淳熙三年（1176年）起，他先后任京西转运判官、湖北安抚使、江西安抚使、江西大理寺少卿，淳熙五年（1178年）他又被任命为湖北转运副使，任期还未满时，便又因湖南爆发农民起义，于淳熙六年（1179年）赴任湖南转运判官。他抵达一地，便欲施展拳脚造福一方，但行李还未放稳，就又踏上去往别地的路途。在那个荒蛮的时代，天子的旨意便是神的意志，纵然辛弃疾有心违背，也无力反抗。临行前，湖北转运判官王正之于小山亭为辛弃疾置酒饯行。席间，辛弃疾借着酒力，于微醺中将满心的悲愤化为一首"肝肠似火，色貌如花"之词。

更能消、几番风雨？匆匆春又归去。惜春长怕花开早，何况落红无数。春且住。见说道、天涯芳草无归路。怨春不语。算只有殷勤，画檐蛛网，尽日惹飞絮。

长门事，准拟佳期又误。蛾眉曾有人妒。千金纵买相如赋，脉脉此情谁诉？君莫舞，君不见、玉环飞燕皆尘土！闲愁最苦。休去倚危栏，斜阳正在、烟柳断肠处。

——《摸鱼儿·淳熙己亥，自湖北漕移湖南，同官王正之置酒小山亭，为赋》

从湖北平调湖南，伤透了辛弃疾的心。于地域而言，湖北自古以来便被称为九省通衢，四通八达，交通自然通畅，且与汴京相距不远，在征战中算得上抗金前线，而湖南则处于后方。在离前线近便的地方尚且不能让他手中的梦想玻璃重新折射出光环，更别提湖南这偏远之地了。此时辛弃疾已到不惑之年，距离他渡淮水投奔南宋已有十七载，而朝廷只打发他任些闲职及地方官吏，故而力主抗敌、恢复中原的主张始终未得到圣上的认可和采纳，使他不由得哀婉叹息。

无法阻滞的是流水，无法留住的是时光。阳光在花瓣上随风翻滚的明媚春日已然逝去，暮春之时，曾经姹紫嫣红的满园春色如今已经不起再来的几番风雨，如锦缎般温润的岁月终究是要逝去的。年岁渐长，节序交替时便越敏感，惆怅也就来得更为沉重。

最喜花开之人，也最怕花落。看见花开，便仿若窥见美人轻颦浅笑；看见花落，则仿若点点滴滴都是离人泪。爱春到深处，甚至痴痴期许花儿能晚些开放，以便在这世间能多停留几日。

花是春天的象征，春天离去花朵便凋零，故而爱花的人实则爱着春天。因花开而展颜，因花香而沉醉，因花谢而伤感，也因花落而坠泪，到了极致便是一个"痴"字。看起来苏轼似乎比辛弃疾更痴迷几分，不过辛弃疾在落红满地中，竟仍起留住春天之意，可见痴心已到极致。

芳草萋萋遍布海角天涯时，辛弃疾心中是充满欢愉的，既然道路被阻塞，春天也就无处可去。只可惜，辛弃疾百般挽留，缄默的春天仍旧悄悄归去。纵然他无可奈何，却也是无计可施。倒是那画檐上的蜘蛛，整日抽丝结网，尽力粘住纷纷扬扬的柳絮，作为春天曾经来过的痕迹。

辛弃疾悼春，又何尝不是伤梦。春天中有风雨、落红、芳草、飞絮，梦中哪里又少得了曲折和蹉跎。眼看抗金事业转入低潮，国势日渐飘摇，再加上奸佞当权、朝政昏暗、心怀天下之人无路请缨，辛弃疾自然深感春意阑珊，悲愤难耐。纵然他愿做一只微小的蜘蛛，用尽浑身解数力挽狂澜，挽留春光，终究如赴火的飞蛾，殒了生命，也阻遏不了火势的蔓延。

南宋江河日下，形危势弱，辛弃疾胸中难免溢满愁绪。古人心有郁结，往往登高以望远，极目而远眺，而辛弃疾此时却说："休去倚危栏。"落日苍茫，余晖脉脉，照在被氤氲雾霭笼罩的杨柳上，远远望去，只会徒增伤感。这一番迷蒙之景，恰恰是南宋朝廷日薄西山、前途黯淡的影射。自然界的春日已是绿肥红瘦，阑珊一片，时代也是渐趋衰亡，这不由得令辛弃疾销魂断肠。

聚散匆匆不偶然，二年历遍楚山川。但将痛饮酬风月，莫放离歌入管弦。

紫绿带，点青钱。东湖春水碧连天。明朝放我东归去，后夜相思月满船。

——《鹧鸪天·离豫章，别司马汉章大监》

人生自是离多聚少，况且辛弃疾宦海沉浮，与朋友匆匆分别也不是偶然之事了。正所谓习惯是人生最大的安慰，一直在路上，也便练就了抵挡分离苦痛的本领。然而辛弃疾却始终无法习惯追梦路上的飘零无依。

李白踏遍大唐的山山水水，留下潇洒飘逸的美名，创作出无数浪漫空灵的诗章，而辛弃疾不乏李白妙笔生花的才华，却独独少了他敢于放下、无惧无畏的气质。大唐雍容华贵，四方来贺，朝廷之上少了一个敢让高力士脱靴的李白，也无关紧要。而南宋外有金人、蒙古的威胁，内有宦官把政的病患，唐代的繁盛已经遥远得如同一个神话。辛弃疾遍游楚地山川恰恰是南宋渐趋颓废的佐证。

席间，辛弃疾对月痛饮，不唱离歌。最后一眼看这里的风花雪月，被春风染绿的杨柳，如丝带曲转萦绕东湖，荷花满池塘，圆圆点点似青钱。东湖中的春水碧绿清澈，在远处与湛蓝青天相接。然而风光再美，也留不住辛弃疾的脚步，明日，明日他又将与这里隔山隔水。

其实他也不知梦想能否在有生之年实现，他能做的便是一再告别，一再上路。无计留春，但至少他如蜘蛛一般，为他肩上风雨飘摇的南宋，殷勤织过网。若说告别即是另一种开始，那么下一站，他又会停在哪里？

盛夏光年，终是错过

世间爱情的结局也许千差万别，但所有爱情的开篇都同样美丽，一切的浪漫都源于初见时的惊喜。而在这爱情的四季中，如果把热恋比喻为躁动的盛夏，那么人生的初见就犹如早春的桃花，鲜艳中带着柔媚、矜持与羞涩。

春秋时，楚国的鄂君子皙访问越国，归去时须经过流经两国的一条河。于一条船上，子皙站于船头，清风吹起他的衣袍，拂过他刚毅的面容，划船的越国女子将这一切看在眼里，她知晓他是高高在上的王子，而她只是一个划船女，他们之间如若有爱情，也定会横亘着无法蹚过的河、无法越过的山。然而，他在不经意间，悄悄回望了她一眼，只这一个回眸，让她忘了手中的桨，忘了天上风月，更忘了时间，故而她对着他用越语唱起了歌："山有木兮木有枝，心悦君兮君不知。"子皙不懂越语，但他听懂了欲要掩藏却纷纷泄露的深情。

纵然听懂又如何，古时的婚姻像是商场中明码标价的商品，横亘在他们中间的是千重万叠的门第与阶级。"心悦君兮君不知"，这本就是一场无望的爱恋，有开始却没有结局。

爱情是如此慷慨，让二人遇见；爱情又是如此吝啬，短暂到竟然容不得相遇之人说上一句"哦，原来你也在这里"。许是因了这残缺与遗憾，美才变得敦厚、深沉，瘦骨嶙峋的人生，也才变得丰腴、饱满。错过固然令人心伤，却也恰恰成全了永恒，或许在子晳眼中，她一直是那个对着他羞涩唱歌的划船女子，永远不曾沾染岁月尘埃。

所谓相见不如怀念，大概就是这般感受。

年轻时的辛弃疾也曾如子晳一样在途中偶然邂逅了一段素朴清明的爱恋，虽不是由于身份悬殊无疾而终，但终究如前人一样在心中生了遗憾。时隔多年，当辛弃疾再次来到曾经相遇的地方，只见回忆挑拨，却不见旧人面。

野棠花落，又匆匆过了，清明时节。刬地东风欺客梦，一夜云屏寒怯。曲岸持觞，垂杨系马，此地曾轻别。楼空人去，旧游飞燕能说。

闻道绮陌东头，行人曾见，帘底纤纤月。旧恨春江流不断，新恨云山千叠。料得明朝，尊前重见，镜里花难折。也应惊问：近来多少华发？

——《念奴娇·书东流村壁》

一座城与人的缘分，皆由故事而起。晨曦日暮、落叶飞花、雨丝风片，也因点点滴滴的记忆，有了情感与温度。初次走进一座城，会感到落寞与彷徨，离开之后再次来时，往事便会穿上最华丽的服饰，以最庄重的姿态扑面而来。抵挡，只是惘然，唯有沉醉在遗憾与欢愉交织的过往中。

淳熙五年（1178年），辛弃疾被召为大理寺少卿，赴临安上任时途经东流村。故地重游，心湖难免浮现昨日倒影。前些年他曾与一位女子在此相识，彼时她虽是青楼之女，身处烟花之地，也与其他女子一般周旋于形形色色的男人之间，辗转逢迎，曲意承欢，但她心中仍留出一片清澈澄明的湖泊，种植了一朵白莲花，让辛弃疾来赏。

果然，这朵白莲花在低头的瞬间，让辛弃疾醉了。在沉醉中，想必两人也曾有窗前看花、夜中观月的美事，或许也曾说过相守一生共赏细水长流的誓言。

却偏偏，不是每个故事都有结局，也不是每段情感都会圆满。一时沉迷稍后即醒，辛弃疾肩上还有家国和梦想，转身也就成了必然，诺言也便成了谎言。他重新走上了他的阳关道，而她仍旧在风尘中走她永远也走不完的独木桥。此时谁更薄情谁更寡义，也就不是那么重要的事情了。

只是，她不知他是真的用过心，而他也不明了她是否会对他念念不忘，于是在渐行渐远的路上，他们都成了彼此寂寞的过客。

最怕的是他归来时，佳人无处可觅，最初的错过，终究化成永远的过错。辛弃疾再次来到此地时，仍是这个容易让人生情、伤情的清明节。

同一地点，同一时节，独独不见当年那个璧人，物是而人非实在是令人忧伤。就连东风都不解风情，搅乱了他的一帘幽梦，寒气袭来更浸透了身前的云母屏风。如今越是孤枕难眠，辗转反侧，往昔便越猖狂凶猛地袭来。

现实中的苦楚无力纾解，只好退守到回忆里寻求解脱。有人说："岁月的风嘶哑了，却还固执地唱着从前的旧歌。"然而，回忆又有何用呢？虽然身在困境中的人会因昔日的快乐得到救赎，但终究会在寻求安慰的旋涡中陷入更深的痛苦。曲岸、垂杨依然如故，而曾经离别的地方却早已人去楼空，徒留似曾相识的飞燕，在低声呢喃着无法重逢的惋惜。

未来，因不可知，所以令人憧憬；过去，因不可重来，所以令人怀念。但怀念的却往往不是那个人，而是那段美丽的时光以及那时纯真的自己。如若阔别多年的两人，在街角偶然相遇，想必慌乱多于惊喜，毕竟谁都不愿让已经翻页的尘埃再眯了眼睛，扰乱如今平静的生活。

此时的辛弃疾，已经不再年轻，寻觅过往也不过是想要在那段有人相伴的时光中，获取些许温存。然而走遍繁华的烟花巷，也未曾见到曾经执手的女子，更唤不回过去的岁月。当年短暂相逢的旧恨，已如滔滔不尽的春江水，而重访未果的新恨，实在如千万叠云山屏障。

旧恨与新恨，都是恨，也都是爱。当初固执地认为梦就在前方，于是轻易说出离别，然而再回到原点时，不过画了一个圆圈，属于自己的领地中，景致并未改变丝毫，反倒是空把岁月蹉跎，也生生弄丢了揾英雄泪的佳人。

井中月无法打捞，镜中花亦不可采撷，故而也不必期许日后会相逢。即便有相见之日，怕是佳人已依偎在他人怀中，再不复得。或许她也会吃惊地询问一句："近来多少华发？"也未可知。

佳人不觉的伤感，如同雾霭一般弥漫在整首词中。影影绰绰，朦朦胧胧中，连词人行走的脚步也蹒跚起来。然而，细想想，已经将离别视为人生常态的辛弃疾，怎会为了旧地的旧情，就颓然变成这般模样，其中别有隐情也说不定。

南宋之词向来多曲折与幽咽，恋情中多藏匿着宦情，佳人往往是天子的替身。谁能否认，常有寄托、别有怀抱的辛弃疾，因觅而未得的美人心生恼恨，但又何尝不是为求而不得的仕途、追而未遂的梦想伤怀？

这首《念奴娇》将故地重游路上的所见、所闻、所思、所想，全都融入进来，虽是婉约的艳情词，但委实涵盖了沉郁的怅恨气氛。借恋情之酒杯，浇胸中感时伤事之块垒，衔接得天衣无缝，毫不见牵强之意，能做到此般浑然一体的境界，当是辛弃疾肺腑之语。

词是属于情的天地，而辛弃疾一词之内，不仅包含了爱情，亦容纳了国情。且他笔下的爱情，并非是缠绵不尽的蜜甜或哀伤，也不含"粉黛""红袖""香衾"绮丽字眼，而是以"纤纤月"点到即止，悲凉不言尽，则更显悲凉。

除却用词上的殊异，其音节更显独特。古来爱情之言，必是低回悠扬的，而辛弃疾却偏偏依着自身的性情，以急促、击案赴节的旋律为爱情谱曲，有人说这般言情词，就是配合着"铜琵琶、铁绰板"来唱也使得，陈廷焯更是将"矫首高歌，淋漓悲壮"的评语加到这首词上，辛弃疾给予词坛的惊喜，确实令人震撼。

然而，世人有多震撼，也便有多惋惜，正是他无法实现的爱情与梦想，让他在悲愤之余拈弄笔墨，在句读里暗度春光。

匆匆过客，过眼云烟

人生不过百年，人类在哀怜蜉蝣"朝生暮死"的同时，自己又何尝不是造物主的一只"蜉蝣"。而对辛弃疾这只"蜉蝣"来说，令他慌乱的并非是时间的仓促与残酷，而是两鬓尽白，却依然两手空空，而立之年也无从获取他要的精彩。

人生如梦，而他偏偏认了真。

这一次又要上路时，他深感自己累了，也老了。辗转途中，江山胜迹涌入眼帘，敏感的词人总有千言万语要说，却又无从说起。郁结在心间的愁绪，如滴了水的字画，渐渐晕染开来。

过眼溪山，怪都似、旧时曾识。还记得、梦中行遍，江南江北。佳处径须携杖去，能消几两平生屐。笑尘劳、三十九年非，长为客。

吴楚地，东南坼。英雄事，曹刘敌。被西风吹尽，了无尘迹。楼观才成人已去，旌旗未卷头先白。叹人间、哀乐转相寻，今犹昔。

——《满江红·江行，简杨济翁韵、周显先》

辛弃疾自南归之初任江阴军通判，至今日出任湖北转运使，曾漫游吴楚，行踪遍及大江南北。此时客船逆流而上，溪流山峦、碧桐翠竹都似旧时相识。一地的山水与人的缘分，就是这般奇妙，本以为阔别的风景会如一件过时的衣服，折叠得整整齐齐，沉沉地压在衣柜底层，永远不会再拿出穿在身上，虽没有被遗弃，却也不会再被想起。但是，当你搬家收拾房间，发现压在箱底的衣服时，它散出的幽幽的樟脑香，连带着或轻或重的记忆，会轻易地将你卷入往事的旋涡。

仕宦无常，细细算来告别此间山水已达十年之久，曾经旧相识的风景，晕染上一层樟脑香后，迷迷蒙蒙地又好似旧梦重现，真也好假也罢，都漫漶模糊，纵然还曾记得，却也记不真切。易安居士曾云："物是人非事事休，欲语泪先流。"这用在辛弃疾身上最为适宜，原本该是熟悉至极的景物，今日看在眼中却反而似是而非，让人不敢确信。

江南，是南宋偏安之地，渔舸画船、碧波浩渺、悠云凝碧，自然是风光旖旎，天上人间；而江北，却已大片沦亡，被金人强行掌控，纵然是天高云淡、一马平川，却已成未曾痊愈的伤疤。辛弃疾自北而来，流离南方，从青葱的少年到沧桑的中年，中间横亘的是比海阔、比天高的时光与悲愤。时光荏苒,往事如烟,屹立于天地之间,却恍惚如梦。

命运给予辛弃疾的挫折并非一次两次,前一波浪潮还未平息,另一波浪头又涌起,在日复一日的挣扎中,他也渐渐失去了挣扎的欲望和勇气。

哀莫大于心死,辛弃疾累了,也倦了。半生奔走,仍不过是人间匆匆过客,无从获取,也无从留下,不由得让人叹一声:命运弄人。南唐后主李煜说:"梦里不知身是客,一晌贪欢。"梦中的李煜,可回江南,可坐龙椅,可拥娥皇入怀,但哪里有不醒的梦呢?醒来之后,他仍被囚禁在小院里,那无限山河,也只能存在于想象中。辛弃疾也是在醒来时,清楚地明了,三十九年尘与土,不过是些过眼烟云罢了。

所谓过客,自是生不曾带来,死亦不会带走,白白于世间走一遭罢了。其实仔细想想,世间万物又何尝不是这般呢?他想到了三国时那段纵横叱咤的风云岁月。当年刘备与曹操煮酒论英雄,曹操有言:"尽天下英雄,唯使君与操耳。"而堪与曹刘争胜的当属立足东南、北拒强敌的孙权。吴楚之地,山川形胜,好似日月乾坤都尽来漂浮,钟灵毓秀,人杰地灵,自然有英雄横空出世,形成三国鼎立的局面。

然而无限江山如画,不过一眨眼的工夫,这煊赫风光便被西风吹尽，灰飞烟灭，只留下旧日楼台与后人评说。辛弃疾想前事，究往来，也只能徒然长叹，所有光彩夺目的过往，占尽风流，最终都不过化作前经旧史或浓墨重彩或轻描淡写的一笔，实在无从值得骄傲。

在历史的演进中，个人的失意终归太过渺小，而辛弃疾依旧借着古事，倾倒他的悲伤与忧愤。当年吴国基业始成，孙权就匆匆离开了人世，同样，几十年来，空在这吴楚大地上虚度光阴，北伐之愿遥遥无期，自己却已经熬白了头发，着实可叹。

有哲人曾说，生与死之间的距离是固定的，而我们大可把两点之间的距离用曲线走得更精彩。人生哀乐原本就是循环往复，古今相继，半点儿也不由人，纵然是想留下些许在世间走过的痕迹，任凭是生与死之间的曲线再华丽，终究都是人间一缕尘埃罢了。

参透了世间无常的道理，如若辛弃疾真的放下，倒也不至于太过痛苦。只是在心灰意冷间，他仍是斩不断仕途之念，这一场关于梦想的歧路，是人生交给他的修行，他当真是走到天黑，也要走下去的。

然而，如今的辛弃疾已不似青年时，脚步虽不曾后退，却走得蹒跚、犹豫。徘徊从未出现在他的字典中，或许是年岁渐长，也或许是路上的风沙太大，他渐渐地失却了定力，热血壮志慢慢由浓转淡。

习惯了朝廷一道圣旨就告别此地，去另一地上任，也习惯了路上的奔波，也试着以平和的心态与万事相对，不再妄想摘取够不到的星辰。但在路上遇到故人时，满心的惆怅与彷徨，还是找到了倾诉的出口。

山前灯火欲黄昏。山头来去云。鹧鸪声里数家村。潇湘逢故人。挥羽扇，整纶巾。少年鞍马尘。如今憔悴赋招魂。儒冠多误身。

——《阮郎归·耒阳道中为张处父推官赋》

辛弃疾在词中一再提到黄昏，夜幕将降未降之时，厚厚重重的云雾盘踞空中，白日里明亮的事物都蒙上一层或浓或淡的惆怅，好似他从未明媚过的梦想。几经改官后，此时他虽为湖南转运副使和安抚使，也不过是个远离前线的闲职。看山看水，挥洒笔墨，反倒成了所谓的正事。

于耒阳道中遇见同为北方出身的故人，好似夜中升起了一星萤火虫，虽并未穿透黑暗，却让人深感慰藉。好友相见，合该是欣悦欢愉的，即便是流下泪水，想必也是喜极而泣。饮酒高歌，拉些家常自然也是情理中事。王维在他乡作客时，遇到来自同乡的友人，便轻轻浅浅地问上一句："寒梅着花未？"虽是极为通俗平淡的言语，却是对故乡的深深惦念。

辛弃疾却丝毫不见喜色，开篇便说此时已近黄昏，天色晦暗，山头的浮云飘飘然然，好似自身飘忽不定、频繁调任的遭遇。继而又将山中鹧鸪悲戚的哀鸣携来入词，以寄前途未卜之意。他未曾问起故乡事，然而这半生的奔波又何尝不是为了故乡事。可惜，一人的颠沛流离，终究未能将故土收回半寸。

时光泛黄，二十一岁那场战役却依然鲜艳如初。尘土飞扬，挥斥方遒，何等潇洒。那用血与力拼出的天地，又怎能被时间吞噬；那在少年之时就扎根的梦想，又怎能轻易被岁月泯灭？然而，再也没有那样的机会了，辛弃疾南归后屡遭排挤，不仅抗金主张得不到采纳，还屡屡调任，俨然空中随风而逝无依无靠的飞絮。不同的是，飞絮无根，他却有梦，梦虽可被搁浅，却如火把照亮了漆黑无垠的夜空与豪气充盈的眼眸。

宋孝宗在位时，一向被史学家视为南宋史上最好的时期，而辛弃疾却一再在词中画出岌岌可危的江山落日图卷，当朝多半人认为其是危言耸听。然宋孝宗自登基以来，先是慌忙北伐，后又任命奸佞之臣，北伐失败即由主战转为主和，况且此时金人政治经济都处于上升时期，更北处的蒙古族也在积蓄力量，南宋统治者在急需人才时，却一再对爱国志士实行迫害，这自然包括忠心耿耿的辛弃疾。

原来无情的不单单是岁月，更是黑白不分的时代。误身的也并非是儒生之故，而是源于朝廷的不信任。高高庙堂，还栖居着他的理想，可这栖息寄居之地，终究不是他的归宿。

后会无期，孤影自怜

　　世人始终不懂，为何爱总是在最深处落下帷幕。风月正好、情意渐浓的故事，总也少不了一根打散鸳鸯的大棒，或是贴着等级标签的封建观念。或是男子举起建功立业的大旗，都可能将这一桩人人艳羡的情事搁置起来。而后于杨柳依依处作别，有时无语凝噎，执手相看泪眼，而有时竟连一句"再见"都未曾说出口。既然后会无期，又何必轻言许诺，于爱情中，誓言甚至比谎言更残酷。

　　承诺要靠两个人来坚守，背弃却是一人就能完成的事情。用情浅的人一个转身就把旧时光里的风花雪月甩在脑后，而用情深的人却仍在无边苦海中耐心守候，虽不知他的去向，也不知他的归期，但从不把分离当作结局，于是拼了命地搜肠刮肚，冥思苦想，为他的迟迟不归寻一个借口。

　　在那个野蛮荒凉的时代，辛弃疾无从安放他的梦想，也无法守护他的爱情。频繁的调任改官像是一道赐死圣旨,而他手中却没有免死金牌,于是每次调任就难免有一次分离,而回头也是从不会实现的事。爱人靠着自己为自己编织的借口寻得些许安慰,以度过这漫无边际的时日,任凭一颗玲珑心被浸泡得苦似莲心,任凭在思念的旋涡中越陷越深,也终不愿相信,此前的生离已如死别,那个烙印在她心底的人,再也不会回来。

而今以后,漫漫白昼与长夜,不见对影,只有一个孤单的人,独自在暮春时节,唱着爱恨纠缠的曲子。

宝钗分,桃叶渡,烟柳暗南浦。怕上层楼,十日九风雨。断肠片片飞红,都无人管,更谁劝啼莺声住。

鬓边觑。试把花卜归期,才簪又重数。罗帐灯昏,哽咽梦中语:是他春带愁来,春归何处?却不解带将愁去。

——《祝英台近·晚春》

桃叶渡位于秦淮河与青溪合流处,河舫竞立,灯船箫鼓。每至春日时节,桃花漫山遍野,茂盛艳丽,轻风起时,浓而不腻的花香也就丝丝缕缕沁进水中。因秦淮河宽阔,如遇风浪,摆渡不慎,往往会船翻人溺,于是东晋时王献之常来此地迎接他的爱妾桃叶渡河,还为她写了一首《桃叶歌》:"桃叶复桃叶,渡江不用楫。但渡无所苦,我自迎接汝。"

他人相会之地，如今竟成两人分别之所，也着实让人心酸。纵然他走时把分钗交到了她手中，说是见物如会面，而这旧时光的见证，反倒一再让她记起离散时埠头烟柳迷蒙，他们都哭红了眼睛。

他走了，连并把春日也带走了。在横雨狂风中，无可奈何的繁花簌簌落下，片片落红纷飞，在她心头陡然裂开一道无法愈合的伤口。没人能管得住枝头花瓣，更没有谁能劝止莺啼的声音，春日终究是留不住的。

其实，如若爱人在身边，四季皆是好时节，春有百花秋有月，夏有凉风冬落雪。只因眼前少了他，世界猛然就天昏地暗、凋零颓败。就连平日里的爱上层楼、登高观景到如今都成了一场梦魇，她怕见到这乱红成雨的凄清场景，但更怕的是等待落空，归人不归。

她不是不知这等待是痛苦的、漫长的，可她还是要等下去，或是等到他归来，或是等到她爱熄心死，方才算得爱情的终点。

在分袂之后，也不是没有人愿意撑船帮她渡过这条汹涌的河，但她却甘愿沉溺其中。木心说，从前慢，车、马、邮件都慢，一生只够爱一个人。爱到痴处的女子更是如此，此生但爱一人，她所爱之人一去不返，便注定了一生的孤独。

孤独要用孤独填充，思念也要用思念来作陪，眼看落红纷飞，莺声不住，春要归去，她坐在梳妆台前，觑见鬓边的花，竟然萌生了数花瓣卜归期的想法。明知占卜不足信，却还是一遍一遍地重复：认真地数过每一片花瓣后，又把花重新戴到头上，很快又拔下来，再重新数一遍。反反复复之后，她依旧没有卜到他的归期，跌宕起伏的情愫，却空耗了她一腔痴情。

折腾了一番，她渐渐在一盏忽明忽暗的青灯下睡去。幽幽一点烛火就如同她心中对辛弃疾的期待，不明、不灭，照不亮黑夜，也不肯就此熄灭让她死心。冰凉的被衾，终究没有焐热她的梦，现实中不忍道出的怨与恨，在梦中找到了出口。春愁本是随着春天而来，为何不肯再随春日而去。

他的名字是她的心事，他的归期是她的节日，时时念起他的名字，却不见他回来，春愁何尝不是因他而起。

辛词凡是涉及女子惜春怀人时，虽不比女儿家笔下的春情细腻、敏感，但经了认真的揣测和仔细的打扮，到底将这一腔缠绵悱恻之情，写得妩媚风流、情意百转。从南浦赠别、怨春归去，到花卜归期、哽咽梦呓，一波三折，新意迭出，越转越绮丽，越转越缠绵。层层推进中，全词无一"怨"字，却字字含"怨"。

纵然辛弃疾是多情客，却又无奈于天命，一再扮演着薄情者的角色。身前疼惜万分，转身也就成了无情人。他这些以女子口吻抒发情感的篇什，是在替这些女子谴责自己的寡情，也是在宣泄自己无处可逃的思念与牵挂。

可他不过是吴楚之地的一介过客罢了,别离与停留全由不得自己。纵然这般,在分袂前的罅隙中,他还是在花丛中留下了些许柔情,或许彼此也有过月下饮酒、风中听蝉的美好时光,或许也真心实意地许诺过共度余生,然而当前途功名、功业梦想招手时,辛弃疾还是忍心奏响别离的笙箫放肆。在他转身离去后,夕阳将他寂寥的影子拉长,覆盖在泪眼婆娑的女子身上。从此再挣不脱他的影子,思念一丝一缕连缀,像人生一样漫长。

有人在生命中只是匆匆过客,而有人却霸道地占据心房中央,定格成永恒,让思念成为唯一的注脚。

绿杨堤,青草渡,花片水流去。百舌声中,唤起海棠睡。断肠几点愁红,啼痕犹在,多应怨、夜来风雨。

别情苦。马蹄踏遍长亭,归期又成误。帘卷青楼,回首在何处?画梁燕子双双,能言能语,不解说、相思一句。

——《祝英台近》

年年春暮之时,还是有片片落红随流水而去。当年离散的堤岸渡口,已是芳草萋萋,却终究不见离人归来。

江淹说:"黯然销魂者,唯别而已矣。"但这其中滋味总要亲口尝过，才知晓销魂到底是怎样的一种疼痛。怨恨来得全无理由，悲伤也来得全无预兆，一片青草、一点落红，甚至一声鸟鸣，都是惹起愁绪的线索，如若再蘸上子夜的墨黑、风雨的凄楚，这断肠之痛、思念之疾，则发作得更为猖狂、迅猛。

凡是深深爱过的人都知道，爱情有蜂蜜的甜、柠檬的酸，也有莲子的苦。有勇气开始，便也必得承受那些离别的伤恸。春风堪把柳条遣青，长亭更短亭，说好的归期，一误再误。人生最苦便是，回不到过去，也望不到未来，处于现在这个时段，生活不过是空挨，是煎熬。

得而复失，失而欲得不再得，想必是爱情更加狠毒的诅咒了。她以等待的姿态站在原地，而他却骑着高头大马越行越远，千山万水之外，等他回首时，佳人无觅处，只剩得烟水茫茫。欲要把相思传达给歌喉婉转的双燕，却也是徒然。

爱情，原来是一件珍贵却易碎的青花瓷，一不留神便从价格不菲的艺术品变为不值一文的一地碎片。它从来就禁不住功名的煅烧。辛弃疾不是不知。而他不知道的是，他的梦想不会实现，他也不能回来。

郁达夫在谈散文时说："作者处处不忘自我，也处处不忘自然与社会。就是最纯粹的诗人的抒情散文里，写到了风花雪月，也总要点出人与人之间的关系，人与社会的关系，以抒怀抱。"

将此移来评价辛弃疾的词，也是颇为适宜的。

南归之后，屡受调动，志不得伸，将近二十年的辗转，委实叫人悲愤。无奈时，也只得在笔墨中蹉跎时日，在句读中宣泄郁闷。这些惜春怀人的词作，无不契合着他的痛楚，镌刻着他不满时事的印痕。

他以为生活对他的考验已经够多，但真正的折磨才刚刚拉开序幕。淳熙八年（1181年），辛弃疾改除两浙西路提点刑狱公事，未及赴任，十二月初二日，就有言官以"奸贪凶暴，帅湖南日虐害田里"的罪名将他弹劾。落其职名，并罢新任，也便成"合乎情理"之事。

在路上，他为梦想舍掉了爱情，继而又遭到梦想的抛弃，追寻了半生不过是用竹篮打了一场水，最终两手空空，一无所有。时代为他做出的选择，终究折断了他的翅膀。还未来得及去申辩，这个侠骨柔情的男子便仓皇地被迫归去了。

第四章 稻花香里说丰年

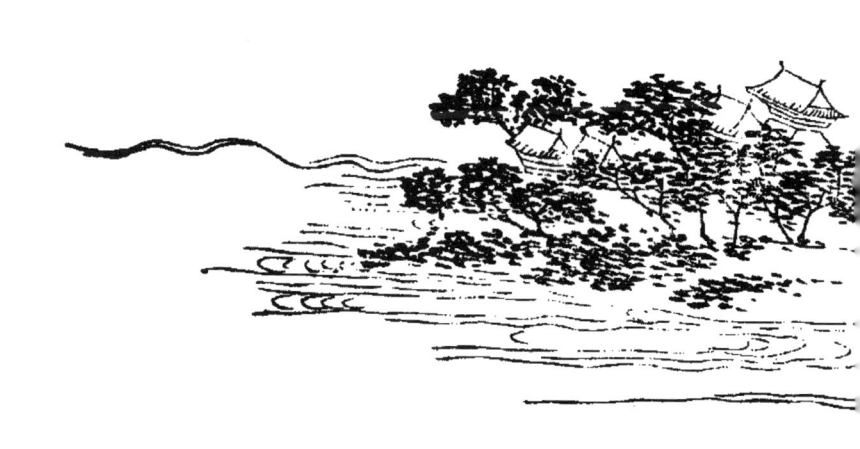

意倦须还，带湖风月

春秋时期的"百家争鸣"，孕育了儒家和道家两派思想体系。儒家礼法提倡进取、入世、建功立业、名垂千古，并以"修身、齐家、治国、平天下"为核心理想。道家则提倡静退、归隐、无为、以柔克刚，与自然为伴，崇尚个体的精神自由，在与天地万物的往来中，获取最大的快乐。

中国士大夫多半自小便接受正规的儒家教育，在长辈的热切希望下，常常以明烛为伴，勤修经典，读书到夜半，为的是通过科举这条独木桥，而后踏上经邦济世的仕途。然而，并非所有的人都能保证不落水，即便是如愿到了对岸，亦不能保证一生顺风顺水。在仕途上不断失意的士大夫往往会由儒家转为道家，于道家中寻找治愈心灵创伤的灵丹妙药，在与山相对、与水相向中寻求超脱。这就是所谓的"达，则兼济天下；穷，则独善其身"。

辛弃疾也未能免俗。家庭与时代的缘由，让他无从选择便成为一个不折不扣的儒家思想的积极践行者，印在地上的每一个脚印，都是他兼济天下、整顿乾坤的佐证。同样，面对仕途中不断出现的风波和危机，辛弃疾也体会到"江头未是风波恶，别有人间行路难"。仕途成为穷途，他的心便与山水相依。

恰好江西上饶的风物气候、莺啼蝶舞，迷人眼、醉人心，再加上江南烟雨的浸润，熏风暖日的点染，着实让人沉迷。在上饶外大约一里左右，连接着一条狭长如带的湖泊，静谧明澈，游鱼见底，杨柳依依，辛弃疾第一次看到这番景致时便心旌摇荡。为日后计，他决定把这里买下，以作为弃官之后的新居。

公务闲暇时，他于此地依山傍水建造了几十间房舍，邻舍还开辟了菜地与稻田。不仅如此，辛弃疾兴致高时，还一一为它们起了相应的名字。狭长的湖泊被命名为带湖，邻近稻田的房舍被命名为稼轩。正缘于此，"稼轩居士"便成了他的别号。

淳熙八年（1181年）秋，新居将落成时，他的千缕思绪和万般惆怅，更如一团纠结的乱麻，剪不断，理还乱。

三径初成，鹤怨猿惊，稼轩未来。甚云山自许，平生意气；衣冠人笑，抵死尘埃。意倦须还，身闲贵早，岂为莼羹鲈脍哉？秋江上，看惊弦雁避，骇浪船回。

东冈更葺茅斋。好都把轩窗临水开。要小舟行钓，先应种柳；

疏篱护竹,莫碍观梅。秋菊堪餐,春兰可佩,留待先生手自栽。沉吟久,怕君恩未许,此意徘徊。

——《沁园春·带湖新居将成》

每一次选择,都是一次放弃;每一次结束,都是一次开始。既然偌大朝堂容不下稼轩,还有更广阔的天地等他修缮。上帝为他关闭了一扇门,但又悄悄为他开启了一扇窗。纵然门外再也够不到的景致时时骚动稼轩,但窗外暖日熏风、山花烂漫,已然让他沉醉。

陶渊明当年毅然辞官,僮仆欢迎,稚子候门,贤妻斟酒,好不快活。纵然粗茶淡饭,草盛豆稀,但东篱采菊,手植五柳,好读书,不求甚解,便是莫大的幸福。陶渊明这一浪漫的归隐行动,为不知所往的士大夫开辟了一条幽然的小径,稼轩循着前人的路,寻到了带湖风月,走进了自己的心灵。

此是隐居之所,自然要用心修葺,每一寸土,每一棵绿植,每一扇窗,每一座房舍,都得镶上高雅的格调。稼轩在心中规划着,要修一幢茅屋为书斋,斋设东冈,且窗子要临水而开;要如陶渊明一般,在门前种些垂柳,以便闲暇时于水边垂钓。竹子、梅花、秋菊、春兰,这些亦是不可少的,竹经冬而不凋,梅凌寒而绽放,菊花堪餐,春兰可佩,稼轩心中的田园,更是汩汩淌着清泉,让人好不艳羡。

可惜，世上最尴尬的事，莫过于站在岔路口已经选定了向左的路，却仍对向右的路念念不忘，得不到的终究是最在意的。走向带湖的小径已经清晰地展现在稼轩眼前，而仕途之路在渐渐被落叶淹埋，他思前想后，却以"怕君恩未许，此意徘徊"为由，再一次滞留了归隐了脚步。

陶渊明看透了官场，一转身便拂袖而去，潇潇洒洒左手田园，右手诗书。然而世间只有一个陶渊明，知晓了官场潜规则的稼轩，纵然有着归隐的心思，但赤诚之心又时时来阻，壮志未酬的他又怎可甘愿两手空空而去。

只是，这一场与官场与梦想的博弈，容不得稼轩做选择便输了。是年年底，稼轩便无端被扣上欺民害田、贪污行贿的罪名，硬生生被解了职。这一次再没有了停留的理由，归去，倒成了不得不做的选择。

带湖吾甚爱，千丈翠奁开。先生杖屦无事，一日走千回。凡我同盟鸥鹭，今日既盟之后，来往莫相猜。白鹤在何处？尝试与偕来。

破青萍，排翠藻，立苍苔。窥鱼笑汝痴计，不解举吾杯。废沼荒丘畴昔，明月清风此夜，人世几欢哀？东岸绿荫少，杨柳更须栽。

——《水调歌头·盟鸥》

此前只是觉得带湖美，却从未腾出时间好好观赏一番。而今落职，稼轩与带湖相依相伴，真正属于彼此，才一点一点觉出它的好。湖水千丈宽阔，宛如打开的翠绿色的镜匣一般，在七色阳光的照耀下，清澈而晶莹。闲居无事时，拄杖着屐，徜徉湖畔，竟一日而千回。

沁人心脾的大自然，果真是郁闷的稀释剂，风轻云淡，心事也变得轻轻淡淡，好似骤然间便懂得了世间的奥秘，生命在自然中方可自由舒展。初尝归隐滋味的稼轩，如同饮了一瓢泉水，润润的，清清凉凉的，直喝得心底透亮。因而，他与鸥鹭结盟好，需白鹤相陪伴，立誓要在这一潭美景中，静静地安度时日。

偏偏鸥鸟们不解风情，稼轩呼唤良久，它们仍是无动于衷，视他而不见。只顾成群结队地划破青萍，排开翠绿的湖藻，抖抖身上的水，站在苍苔上悠然地晒着太阳。也罢，它们只关心水底游鱼，自然对稼轩的美意不理不睬。知己不可强求，也唯有举杯一笑而过罢了。

昨日欢愉今日哀，或是今日欣悦昨日泣，世间枯荣总是交替，四季也各有规律，获悉此中秘密，心境也变得澄明。多植些杨柳吧，东岸的绿荫太少了，稼轩自顾自地说。在温柔的环境中，人总是容易满足，也变得宽容如许，那些年受的伤，也在阴阳昏晓的流转中，渐渐被原谅、被遗忘。

漂泊多年，终于在此地找到家的感觉。

稻花飘香，蛙声一片

事物有两面，人常看到这一面，便或多或少地忽视了另一面。人是如此，人笔下的文字也是如此，两种不同风格里，总有其中一种占了上风。如同稼轩，多数人只知他的豪放词，悲壮苍凉，有无尽英雄气概。他生活在风起云涌的时代，自己的人生轨迹也像那个时代一样坎坷曲折、波澜壮阔。故而，壮士悲歌便占据了他创作的主旋律，而那些清新质朴的田园小词，则往往被人忽略了。

当他的笔下轻轻浅浅地淌出参差错落、清新雅致的农桑之词时，世人方才了悟，硬币的另一面，藏匿着一座郁郁葱葱却不失宁静的城堡。它虽不同于陶渊明落英缤纷的桃花源，却也是一杯真淳的琼浆，霎时便醉了人心。

二十年的宦海沉浮，已然让稼轩憔悴不堪。如今被迫归隐，环境的变化直接改变了他的生存状态，间接改变的，是他对生命与生活的态度。闲居中的稼轩，笔下少了战场厮杀，多了纵情山水间的安逸与舒适。

他以带湖为家，在这片澄明洞彻的天地中，他以蓝天做底，以白云为墨，着色不多，反而是最自然的状态。山的千态，水的万势，以及人间的姿态，尽在这清浅的笔墨中，有了淋漓尽致的舒展。

> 明月别枝惊鹊，清风半夜鸣蝉。稻花香里说丰年，听取蛙声一片。
>
> 七八个星天外，两三点雨山前。旧时茅店社林边，路转溪桥忽见。
>
> ——《西江月·夜行黄沙道中》

天渐渐黑了，劳作的人们开始陆续归家，奔波在外的行人也纷纷寻找投宿之所。稼轩却不急不缓地行走在熟悉的黄沙道上，任清风拂面，看月落湖山。黄沙岭位于上饶县西四十里处，风景优美，岭下有两泉，既可作为观赏用，亦可用来灌溉农田。稼轩曾多次到此地观光游玩，此词便是即兴之作。

一轮明月缓缓升上了树梢，只听闻栖息在枝丫间的喜鹊被惊动，"扑腾扑腾"地飞离了树枝。月光照耀下的万物都格外清晰，道路的起伏直曲都尽现眼底，稼轩不觉放慢了前行的脚步，边走边饶有兴致地欣赏着月夜乡村美景。

盛夏的清风徐徐吹过,路边林中的阵阵蝉鸣声声入耳,此时此刻月夜更显得静谧清幽。此刻的蝉声不似白日里阳光炙烤下那般聒噪,让酷热难耐的人们更觉烦躁,却像是安静夜色中流淌出的伴奏乐曲,悦耳动听。他想不到月夜下的山路风景比之平日又别有一番情致,心情亦感十分舒畅。深呼吸,仿佛还能嗅到不远处稻田里的怡人稻花香,想必今年定是一个丰收之年。月夜美好如斯,又仿若看到金秋硕果累累,五谷丰登,此情此景,怎能不令人沉醉?

稻田里的蛙声此起彼伏,唤醒了沉迷于幻想丰收景象的词人。这独自行走的夜路倒是十分热闹,有明月相伴,有鸣蝉伴奏,有稻香扑鼻,有蛙声和曲,同一方天空下不知道会不会有其他人也享受如此福分?

良辰美景奈何天,赏心乐事谁家院?辛弃疾抬头望向天空,只见"七八个星"稀稀疏疏地悬挂在天边,不知什么时候明朗的天空多出几片浮云,遮蔽了许多星辰的光辉。转念间,几滴雨珠轻轻坠落,打在了他的脸庞上。盛夏的天气真是变幻莫测,方才还是明月照耀万里,转眼一场暴雨将至。美景不再,词人举起衣袖挡住额头匆忙赶起了路,急欲寻一避雨之处。

土地庙附近树林旁边的茅屋小店从前常常经过,今日雨雾朦胧,星月又隐了起来,他竟半天都没有找到。雨越下越大,心里又添了一丝慌乱。转弯过了小溪上的石桥，旧时的茅店突然出现在眼前，哦，原来是在这里。词人心中大喜，急忙奔了进去躲雨。颇有"山重水复疑无路，柳暗花明又一村"的意趣。慌乱中的乍喜，最是难能可贵。

陶渊明的斜川、曾城、菊花、篱笆、南山、飞鸟，以及稼轩笔下的明月、清风、鸟鹊、鸣蝉、稻香、蛙声，本非奇境，但一经他们的点染便诗意十足。可见这景是渗入到他们心里的，眼之所及带了情，笔下才有了动人的诗篇。昭明太子萧统曾说，读陶渊明之文有以下"功效"：驰竞之情遣，鄙吝之意怯，贪夫可以廉，懦夫可以立，岂止仁义可蹈，亦乃爵禄可辞。而稼轩这首小词，又何尝不是治愈心灵的良药呢？

一方水土养一方人。水木清华的环境，自然孕育出温润如玉的人情。在这般不染尘埃的自然中待久了，人心也便澄明起来。杨柳繁花徐徐摇曳，飞鸟游鱼恣意徜徉，稼轩醺醺然，心甘情愿地将身心以及灵魂，交付给收留他的这片净土。关于过去的沉浮，也如夜间做过的一个噩梦，此时已然天亮，梦境也似阳光下的肥皂泡一般，瞬间便碎了。

人是自然的孩子，在自然的臂弯中，总会发现此前不曾了悟的情愫。走得太过，行得太远，往往会忘记当初为什么而出发。脚步慢下来之时，灵魂渐渐与身体重叠，路边的风景渐渐由眼入心，那些关于生活与生命隐隐约约的线索，也慢慢变得清晰明朗起来。

在过去四十年中，稼轩是梦想的践行者，一个信念、一把剑，就是整个世界。纵然也曾游山玩水，却不曾叫出山中花的名字，也不曾弯下腰好好看一条灵动的鱼。纵然也有美满的家庭，但这爱中却充斥了太多别离。曾经拼了命要去追寻所谓的生命之重，回头时方才发现，这些琐碎细微的点点滴滴，才是他承受不起的生命之轻。

故而，他着墨最多的地方，是他最在意、最敏感的地方，也是他最艳羡的地方。此时他的笔触像是一部微型摄影机，捕捉的镜头随意却不随便，一片飘然落地的红叶，一对闲适而游的野鸭，甚至一株刚刚露土的幼苗，都能触动他按下快门。从细微处感受生活，寻到感动，这是带湖风月教给稼轩最有益的课程。

茅檐低小，溪上青青草。醉里吴音相媚好，白发谁家翁媪？

大儿锄豆溪东，中儿正织鸡笼。最喜小儿无赖，溪头卧剥莲蓬。

——《清平乐·村居》

雨过天晴，阳光明媚如许，稼轩像往常一般走出家门，到不远处的树林中散步。走走停停，听着鸟语，闻着花香，便是一日中最为宁静、最为闲适的时光。阳光、微风、青山、绿水、草木虫鱼已是每天都见，却怎么也看不厌。穿过田野，不远处是一条潺潺小溪，这是去往树林的必经之路。等过了那座由村民搭建的小木桥，稼轩便停住了脚步，眼前那一幕生动得如同幻境的景色映入了眼帘。

茅屋邻溪而建，虽矮小简陋，却丝毫不会让人觉得寒酸。精神的丰饶，往往会冲淡物质的拮据，一家人其乐融融、温馨和睦便是世间最宝贵的财产。"茅檐低小，溪上青青草"，透过稼轩的摄影机，我们看到的是人间最动人的画面。午后的阳光透过屋边大槐树的枝叶，在屋前的空地上洒落下点点光斑。白发苍苍的老夫妻就坐在门前的树荫下，用当地的吴音方言笑谈琐碎闲事。吴侬软语，像是灵动柔软的旋律，丝丝缕缕就沁到了心里。

时光的碎屑点点滴滴洒到他们脸上，岁月的积淀分分秒秒爬过他们肌肤，年少时玫瑰色的爱情在天地的见证中，渐渐转为纯白色的亲情。相濡以沫，不离不弃，是这荒凉世间最柔软也最坚韧的力量。

老夫妇这一生中最值得炫耀的事，莫过于有三个儿子。他们也在忙着各自的事情，大儿子正在溪边忙做农活儿，为豆苗锄草；不远处的树下，心灵手巧的二儿子正用刚采摘下的柳条，为家中所养的鸡编制新的笼子；最受全家宠爱的小儿子斜躺在溪边的青草地上，剥着随手从小池塘里摘来的莲蓬，一派天真无邪的顽皮模样。

眼前这一家人其乐融融的画面，拨动了稼轩向往田园的心弦，他也倏然间懂了陶渊明的世外桃源到底是怎样一种清明的境界。自从来到带湖，稼轩便学起古代隐士，种一畦豆，养一丛菊，佩一朵兰，植一棵柳，感受"人生在勤，当以力田为先"的滋味。就像这一家人，生活虽然清苦，却能够自食其力，每日享受天伦之乐，果真是最为珍贵的幸福。

微小的景致，偌大的情怀，稼轩在这片自己修葺的桃源中，终于放下了平日里的武装，以一颗温柔的心对待世间，与生活化干戈为玉帛，不再为难自己、为难岁月。

带湖，或许是他最好的归宿，只要他把心交付于这里，只要他甘愿留下来。然而，岁月苍茫无涯，谁也不知这一刻的感动，在下一秒会不会持续。世间哪儿有密不透风的墙，当桃源之外的尘土被刮来时，或许稼轩还是要纵身跳进滚滚红尘中。

归隐不甘，出仕不能

不是生活在如桃花源一样的环境中，便能做得了陶渊明。在起初的日子里，稼轩也是全心全意地将带湖视为唯一，决然要在这里终老一生。躺在这般闲寂自然的臂弯中，悠然自得，无牵无挂，稼轩也是备感幸福。然而，时日一长，难免生出了些许孤寂与索然。他的心，终究是不在此处的。

得到与舍弃之间，是无涯无止境的漂泊。如若说漂泊是生命的本真状态，孔子周游列国是为了播种思想，"竹林七贤"放浪山林是一种洒脱，偏偏稼轩站在归隐与入仕的岔路口，不知何去何从，进退维谷，实在是生命给予的一种折磨。归隐不甘，出仕不能，末世的尴尬理想，终究与他无缘。

田园的热闹，渐渐成为他落寞的陪衬。

千峰云起，骤雨一霎儿价。更远树斜阳，风景怎生图画！青旗卖酒，山那畔别有人家。只消山水光中，无事过这一夏。

午醉醒时，松窗竹户，万千潇洒。野鸟飞来，又是一般闲暇。却怪白鸥，觑着人欲下未下。旧盟都在，新来莫是，别有说话？

——《丑奴儿近·博山道中效李易安体》

世人皆知词分婉约与豪放两派，易安与稼轩分别站在两座山的巅峰。才情、爱情、忧情是易安的三个标签，才情绚烂了她的整个花季，爱情是她最经典的传奇，忧情氤氲了她整部《漱玉词》，故而，女儿家的姿态临水照影，婉约得让人销魂。而稼轩在词的分水岭，亦绽出了令人惊叹的璀璨光芒。泼墨挥洒，白纸落字，不消几笔，便能道尽胸中况味。家国之恨，壮志难酬，失意平生，几乎占满了方形的纸张。悲中带壮，壮中又含泪，如一朵铿锵的玫瑰，又似沙漠中的一株仙人掌，豪放得让人鼓掌也让人心疼。

两人各自在自己的世界中徜徉，本不该有任何交集的。然而，稼轩却偏偏"效李易安体"，以一支带着战场伤痕的笔，循着易安"用浅俗之语，发清新之思"的格调，为词开出一条浅俗清新与幽默风趣相融的路子。其实仔细咂摸，两人又有着惊人的相似点。他们同生活在板荡的南宋，这个时代是最好的，也是最糟的，但也唯有在这乱世中，他们才能以鲤鱼跃龙门之态，脱颖而出。他们被那个时代成全，又被那个时代毁灭。

说到底，词又何必有婉约、豪放之分。有人曾说，豪放是气，婉约是情，气未必尽属男儿，情未必专属女儿，兼而有之，人生得完足矣，诚然如是。稼轩在"龙腾虎掷"的豪放词之外，又不乏深婉悱恻的情调，这首效仿易安的词作，如同雪中红梅，轻易便夺了世人眼球。

上阕一开笔便是一幅分层设色的博山道雨后风景。天空中乌云卷起，笼罩千山，大雨不期而至，却来得快去得也快，不消几刻钟，天空又是一片澄明。博山在今江西广丰县西南，"南临溪流，远望如庐山之香炉峰"，此地水网细布有如叶脉，翠峰迤逦深秀，偶然也会听听鸡犬之声，舟人拥楫而歌。"骤雨一霎儿价"，无须多言，一个"骤"字，一个"一霎儿价"，便将此地夏日阵雨来去皆快的特点淋漓尽致勾勒而出。

这一阵突如其来的豪雨洗去了大地的脂粉，过滤了世间的妖冶，天地之间只留下让人忍不住贪婪呼吸的清新味道。明亮却不刺眼的阳光又如同春蚕吐丝般，一缕缕投射在翠绿的枝叶间。就连稼轩的如椽大笔也拿这瑰丽景色无可奈何，只为自己开脱一句，恐怕画家也难以描绘，更何况自己生硬的文字呢？

酒店的门口挂着卖酒的青旗，想必山的那一侧定是有人家居住。景中有了人，也便有了情，这情也不必太过亲近、太过浓艳，轻轻浅浅反倒教人自在与舒适。稼轩并没有说酒馆中是怎样热闹，也没有点明山那畔的人家是怎样其乐融融，但这点到即止的距离，正好带来恰到好处的朦胧美感。

在这样美好的山光水色中，没有什么事烦扰他，他也不曾承受尘世的纷扰，只需心无旁骛地度过这个夏天便好。

这悠然自在的生活，是一种诗意的栖息，多少人用尽一生去寻找它的所在，而稼轩却偏偏想要逃离。他是属于战场的，就算一贫如洗，他也富有满腔热血与豪情。反倒是安然如许、平静无波澜，让他感到无所适从，寂寞索然。

闲来无事，他也养成了午睡的习惯。醒来后，隔着纱窗，看着窗外的苍松翠竹，潇洒万千，偶有野鸟飞过，于幽静中留下一丝动的痕迹，动而更显其静。野鸟清静悠闲，稼轩自由自在，这也算得上人与自然相得益彰，共映成趣。而对于稼轩来说，这无异于一片深海，表面平静如镜，而底层已是千万重浪涌。不在沉默中灭亡，就在沉默中爆发，或许稼轩会这般孤寂终老，或许他又会由着性子，为梦想再走一程。但是，此时他手中已无一卒一兵，纵然有东山再起的愿望，怕也是痴念。

罢了罢了，也只得与白鸥为盟。然而它们在空中瞅着地下盘旋不停，却不曾飞下来。稼轩便忍不住向白鸥发问：我们是订立过盟约的老朋友，你们现在这个样子，莫非有什么为难的话要说？稼轩与白鸥朋友般的问话，幽默别致，却有淌不尽的孤独况味。

毕竟，稼轩平生意气，并非田园之乐，却又怎奈壮志难酬。虽远处江湖，身处朝野之外，心中期期念念的仍是家国。纵然浪迹江湖，纵情山水，终究是志不平，心不静。

归去，或是留下，自古以来便是摆在士大夫面前的难题。这尴尬的境遇，好似是一道免不了的淬炼，无论承不承受得起，皆要在熔炉中煅烧一番。敢于献言进谏的人，多半遇上不明情理的帝王，被罢职免官也是极为常见的事。流离世间，失望蚀骨之后，如画青山、锦绣田园便误打误撞成了所谓的归宿。梦不成形，也不致失了气节，有志气的士大夫总不会做赔了夫人又折兵的事。

当然，也有不少人在烈火中的炙烤中，渐渐看透了人情世故，懂得了趋炎附势是攀登高峰最便捷的途径。也因此，他们的人生也失却了本该有的鲜亮色泽，在时光的河流中化为一帧黯淡的背景。凡是留下姓名的士大夫，谁又逃得过地狱般的折磨。

屈原是一个暮兰紫茎般的人，是如玉般的君子，然而他跋山涉水，寻觅的"美人"却仍在水一方，无法靠近。故而，最后怀着满腔的怨愤，沉到汨罗江底，或许，在那个时代，只有那里才有他要的清明。

不仅仅是硝烟四起的春秋战国以墨为底色，纵然是雍容华贵的大唐，也容不下一名说真话的儒士。走下庙堂，柳宗元便只能乘一叶扁舟，独在寒江于苍茫大雪中垂钓。钓上来的是寂寞，钓不上来的是理想。

而士大夫的隐居，也有真隐与假隐之分。魏晋嵇康狂放旷达，不齿为官，不畏权势，宁可归隐山林，以打铁为生。饮一杯酒，作一首诗，遁迹青山绿水间。纵然这狂妄为他招来了杀身之祸，在生命的最后一刻，他仍不忘为自己弹上一曲《广陵散》。而稼轩的归隐则好似一瓶度数并不高的酒，虽然刚刚喝下时，有些醺醺然，但不消几时，便如梦初醒，茫茫然中尽是想要回到红尘之中再为梦想一搏的念想。

人生不过几十载，生命的历程不过是将此前得到的东西，一件件失去。尘世荣辱、功名利禄说到底也只是浮云与流星一样的存在：如浮云一样变幻出不同形状，牵扯出人的无穷欲望；又如流星一般终会消失，终不能与自己长久相伴。劳碌一生去追求又有何用呢？道理易懂，做起来却难，四十年沉浮早就让稼轩看透了世间，只是作为征战沙场的将军，又如何丢得下最初的梦，安心在清风明月、鱼米稻香中终老一生？

透过田园枝丫的罅隙，远望千里之外的青山，倒真的难为了稼轩。

孤舟浪起，梦携西子

渴望战场之人，所念所想也多半和千军万马的征战有关。身处吴越之地，自然便会想到吴越之战，想到夫差和勾践之间的国恨家仇，也便不可避免地想到了西施。

国与国的战争，英雄与英雄的决斗，不论富有多么重大的历史意义，或者被渲染了多么壮烈的色彩，终归是以残酷的血色为底色。一旦有绝世佳人被卷进这个乱局，纵使倾城倾国的美色果真倾覆了家国，也会陡然添三分旖旎调子。这血色的浪漫，让残酷也显得多情，更引人浮想联翩，以至于百年千载之后，这些往事依然为人津津乐道。

有沉鱼之姿的西施，有落雁之色的王昭君，能令月羞惭的貂蝉，能令花赧颜的杨玉环，被并称为中国古代四大美人。想来悠悠数千年历史，比她们容颜娇美的人定不在少数，可任其天香国色，也再难撼动她们的地位。这大概与她们的传奇身世和悲剧命运脱不了干系，血泪交织的故事总是更容易让人印象深刻。或作为情意的囚徒，或成了形势的俘虏，不论她们享受了怎样的荣华富贵，也不管她们获得了如何尊崇显贵的地位，终究是命运的弃儿，连自己的人生也掌控不了。

关于西施的故事版本众多，不过大致的脉络是相似的。西施本是春秋时越国苎萝人，天生美艳绝伦，不可方物。后逢吴越大战，越国败给吴国，为求和以换得休养生息的时间，越王勾践采纳了谋士范蠡提议的美人计，将西施献给了吴王夫差。夫差被西施的美貌与多才倾倒，终于沉溺在温柔乡里不能自拔，歌舞笙箫，芙蓉帐暖，从此荒废国事，日益奢靡。与此同时，越王勾践则卧薪尝胆，日日夜夜反复回味战败的滋味，以提醒自己不要忘了雪耻。战争终于爆发，萎靡不振的吴国军队狼狈溃败，士气高涨的越国将士乘胜追击，吴国灭亡，夫差自尽。

西施的下场，有人说是与情郎再续前缘，追随范蠡泛舟太湖，最终隐遁，从此江湖邈远，再也难觅佳人芳踪。而更普遍的说法便是西施最后被沉江而死。曾经她是一把利器，单薄一身可挡百万雄兵。如今她已完成使命，聪明如许的勾践又怎会让她的光芒灼伤了自己。她用青春、信仰和生命来效忠的人，最终将她抛弃。

苏州的山水是柔婉的，园林是精致的，弹唱是撩人的，桃花是浓艳的。这样一座轻清柔缓的苏州,孕育出了这样惨烈而悲戚的故事。后世政客纷纷将西施斥为亡国祸水,多情的文人却愿意为她大鸣不平。唐代诗人罗隐有《西施》云:"家国兴亡自有时,吴人何苦怨西施。西施若解倾吴国,越国亡来又是谁?"这一首几近白话的诗,立场鲜明地驳斥了"红颜祸水"的无力言论,虽不够剑拔弩张,在当时也属难得。

到了稼轩手中,落笔之处皆是清淡之墨,西湖泛起的水波,西施浣纱时轻灵的姿态,便是整首小词的色调。

春水,千里,孤舟浪起,梦携西子。觉来村巷夕阳斜。几家,短墙红杏花。

晚云做造些儿雨。折花去,岸上谁家女。太狂颠。那边,柳绵,被风吹上天。

——《唐河传·效花间体》

苎萝的山水秀丽,却不及这秀丽山水养出的女子更妩媚动人。传说西施在河边浣纱时,水中鱼儿见到美如仙子的她,竟然忘记了游泳,以至于沉落水底。正因了这个典故,西施才被称有沉鱼之姿。倘若她此生都与这青山绿水、浮云游鱼为伴,人生固然单调,倒未尝不是一种平淡的幸福。可是,偏偏范蠡瞥见了她的花容月貌,注定让她无法获得平静的人生。

千年的岁月，吴楚争霸只是史书一角的几点黑墨，而西施的一颦一笑，却因文人灵动的笔尖与丰腴的想象，越加鲜活起来。

离开庙堂的稼轩，常常一个人出游，恣意于山水间，纵然免不了落寞与孤寂，但也因此多了些许浪漫与诗意。春光乍暖，青色相连，浪花泛起，千里深渺，这大自然的灵气似要将他吞没。那欲说还休的愁情，那凝重错乱的心事，也渐渐被这灏明灵静的光芒驱散了。渚江泛舟，在粼粼春水中，他缓缓地沉入梦乡。

朦朦胧胧中，他恍然看到一个明眸皓齿的女子悄然向他走来。她莲步轻移，罗裙微动，款款如生烟。苏轼那句"欲把西湖比西子，浓妆淡抹总相宜"，虽是在盛赞西湖的美，但也为西施的美增了七分迤逦。无论是淡雅装饰，抑或盛装打扮，西施之妩媚，总是分毫不减。稼轩梦见这浓淡皆宜的西施，一人泛舟也少了些寂寞。

都说才子佳人，是人生最美的注脚。如若两人再情投意合，则更是人间佳话了。脱下战袍、放下战刀的稼轩，又怎不愿遇见一段"只羡鸳鸯不羡仙"的绝美爱情了？梦，是只在夜间开放的一朵情花，当黎明的曙光稀稀落落地洒满枝头时，它便悄然凋零。

当稼轩醒来时，西子已去，温存却犹在。只见岸上村巷，歪歪斜斜坐落着几户人家，夕阳笼罩，黄昏熏染，暖风也吹得人神魂迷醉。矮矮的墙壁又怎能遮得了满园春色，几瓣杏花伸到墙外，就把整个春天出卖。有关西子暖色调的梦刚刚苏醒，又忙不迭地陷入另一场旖旎的村落之梦，这场出游倒真是不虚此行。

岸上游春的女子，像极了易安笔下误入藕花深处、沉醉不知归路的少女，世界在她们眼中，就是采撷在手中的一枝桃花，没有全然绽开，却也是开到了正好。几点疏疏落落的雨打在头上，她们也丝毫不惊慌，雨在湖面荡起的涟漪，也在她们心上层层晕开，那些只属于自己的青涩心事，也浅浅濡湿了。

稼轩何以洞悉这跌宕迂回的春光里的情愫呢？那一堵杏花小墙，那一阵零落疏雨，那一丝熏风绵柳，那一群笑靥如花的少女，都是他不曾遇见过的春天。初次相逢，竟是这般缠绵与浪漫。或许，这便是最初的美好吧。

稼轩这首清丽小词，于标题中已标示清楚：为效仿花间体。花间词"镂玉雕琼，拟化工而迥巧；裁花剪叶，夺春艳以争鲜"，它似一个精致易碎的青花瓷，绮筵公子、绣幌佳人的缱绻深情，眉黛轻颦、口脂满香的浪漫格调，小桥流水、潋滟清明的秀丽风光，皆是它如锦缎般润滑的质地。

它的题材是窄了些，窄到只有一个"情"字，故而有人说它意境浅显、格调不高。然而一旦体味到其中的深挚，也便懂得了这艳情中，自有真情在。

观之稼轩此词，清丽简约，疏朗空灵，当与韦庄相近。稼轩自云效仿，却在临摹之外灌注了些许自身本色。温情中自带潇洒，缠绵中又不繁艳，旖旎中稍有豪放，能在词中这般大开大阖、疏宕有致的，除却苏轼也唯有稼轩了吧。

每个人心中都住着两个自己，一个是世人熟知的，另一个则常驻心底，不见阳光。我们把熟稔的一面当作一个人的标签，而忽略了那被有意抑制的一面，往往是最脆弱也最逞强的一面。只有压在心底的自我，才能成全舒展在外的自我，两者的融合，才是一个人最完满的姿态。

世人都知晓稼轩对于梦想执着，而这一首词恰恰让世人看穿了他内心的另一重愿望。苏轼豁达，可以大笑着说"天涯何处无芳草"，而他却只求在梦中有个西施一样的女子相伴。

世人都心疼稼轩的偏执，也愿他暂在这湖光山色中，携着西子沉沉睡去。不要用尽余生的力量，去追寻遥不可及的仕途。这世间，得与失并存，成与败相续，时光一闪而过，红颜即成白发，英雄也会成枯骨，从来就没有什么永恒。这一刻快乐，足矣。

半生流离，被迫归去

　　自古以来文人的愁苦，大抵有两类。一类，愁苦不过是一个人的外壳，是诗词文章中的调料，唯恐旁人说浅薄，便只好戴上忧伤的面具，以证实自己确为深沉；另一类，愁苦是一个人的内核，无须渲染，也无须说愁，愁便渗透在字里行间。这两类愁苦，也并非分属两类不同的人，而往往印证于一个人不同的人生阶段。

　　循着李煜生命的历程，从少年、青年到壮年，他把浅唱低吟、浓词艳曲换作深沉的哀鸣。真正历经了人生的寒暑后，愁才一点点渗入内心，声声泣，声声哀，愁更深，怨更甚，动辄便是千古幽怨和泣血之殇。故而他说："问君能有几多愁？恰似一江春水向东流。"

　　诗人王维也是在唐朝曲折婉转的岁月中，渐渐由一个热衷建立功业的少年，变为一个历经世事，而只愿远离红尘，与终南山相对的暮年老人。

很多人在年少时，都爱唱一首儿歌："小小少年，很少烦恼，眼望四周阳光照。小小少年，很少烦恼，但愿永远这样好。"年少的时光，总是那般美好，无忧无虑，终日享受着自由与欢乐。那时候，少年们总是渴望着长大，去做些只有"大人"才被允许做的事情，似乎就连大人们的烦恼，也值得艳羡。随着年轮一圈圈增多，才渐渐明白，世人对生活的感受会随着阅历而逐渐累加，到了合适的年纪，烦恼和忧愁都会不请自来，只怕那时候生活的重重负担压身，想逃都逃不开了。

道可道，非常道；名可名，非常名。也可这样说：愁可愁，非常愁。真正的愁，没有气味，没有形状，甚至也无可指向，如同一团风絮，没有实实在在的分量，却是由空空荡荡和轻轻柔柔繁衍而生的，一种无法排遣也无法吞噬的沉重。

此种沉重，在年少时常常化为满纸凄凉，西风、残照、落花、疏雨都是愁的影像。而在人生中流离半世后，这种沉重落到纸上反倒成了一种若有似无的辛酸。

此时的稼轩，已步入中年，暖春与盛夏也已被无情翻过，闲居在上饶之地，更有时间去抚摸生命中的每一道由愁连缀起来的褶皱。

少年不识愁滋味，爱上层楼。爱上层楼，为赋新词强说愁。

而今识尽愁滋味，欲说还休。欲说还休，却道天凉好个秋。

——《丑奴儿·书博山道中壁》

对于所谓的"烦恼"，少年、中年和老年时期的感悟自然不同，辛弃疾在《丑奴儿》中说得分明。人生就是如此矛盾，少年时不识愁滋味，却往往最多愁善感，终日对月感伤，对风吟叹，却不知那时"风花雪月"的感慨都是"为赋新词强说愁"。等到历经人生坎坷，真正知道愁为何物，那种无可奈何的心情却是不足为他人道，只是如人饮水，冷暖自知。这样深刻的人生感悟非历经世事之人所不能有，这与辛弃疾坎坷的一生倒是能够契合。

写这首《丑奴儿》时，他正闲居带湖，终日闲游于博山道中，看似优哉游哉，但胸怀天下的他又怎能真正安心过这样安逸闲散的日子。眼看国事日渐衰颓，梦想日渐黯淡，自己却无能为力，心中愁绪无处排遣，故而又一次行至博山道中时，便忍不住在石壁上挥手写下这首词。

"少年不识愁滋味"，想来稼轩年少时，也曾多愁善感、伤春悲秋，在《汉宫春·立春日》中便有"闲时又来镜里，转变朱颜。清愁不断，问何人会解连环"的感慨，在《满江红·暮春》中也有"无处说，闲愁极"的喟叹，可是现在想来，那时涉世未深，又怎知真正的愁为何物。年轻时的稼轩血气方刚，立志为收复河山出一份力，那时的他乐观旷达，以为凭自己的一腔热血就能重整旧日山河，待到年长之后，才知晓这不过是一厢情愿。

意气风发的少年也有伤感怀愁的时刻，每到这时，他便攀上高楼，登高远望，将自己的壮志豪情寄托在浩渺的天地间。那时他总是望着远方，吟些诸如"是进亦忧，退亦忧，然则何时而乐耶"的章句，好似看破了世间万物，现在看来，不过都是"为赋新词强说愁"，只是年少时期特有的困顿与敏感罢了。

在时光的流逝中，稼轩渐渐遗忘了年少时莫名的伤感和愁苦，随之而来的挫折与坎坷终让他"识尽愁滋味"。虽壮志在胸，却总因为这般那般的原因不得施展，而今又以"莫须有"的罪名免职罢官，这种挫败感和失落感，无从倾诉，也只得"欲说还休"。无奈之下，只好把话锋转向别处，道一句"天凉好个秋"。

这是谙尽世情之后的感慨之言。他半生漂泊，历经无数春夏秋冬，曾经外露的锋芒早已被挫折打磨得棱角尽失。鬓角发丝已然斑白，心境也发生了巨大改变，凉秋依旧，人却不是过去的那个人了。

"只是到了真正饱经沧桑之后，我们才明白，人生的小烦恼是不值得说的，大痛苦又是不可说的。我们把痛苦当作人生本质的一个组成部分接受下来，带着它继续生活。如果一定要说，我们就说点别的，比如天气。'却道天凉好个秋'——这个结尾意味深长，是不可说之说，是辛酸的幽默。"这是周国平先生对辛弃疾这首《丑奴儿》的解读。

法国人缪塞曾对文学的"不朽"做过这样的陈述："最美丽的诗歌是最绝望的诗歌，有些不朽的篇章是纯粹的眼泪。"稼轩这首融合着美丽与眼泪的小令，合该当得起这样的评价。

有人曾说梦想的有无与高低可以决定一个人喜怒哀乐的档次，这话乍听起来有些偏激，细细咂摸，也不无道理。在花街柳巷日日笙歌夜夜曲的浪子，愁的多半是富贵能否长久，性命是否保全，而"位卑未敢忘国"的天下之责，普天之下黎民的安康，则远远被抛诸脑后。而稼轩的愁，有乡愁，有离愁，更多的是国愁。步入中年，他可以不计较个人得失，也可以不顾及荣辱名利，殚精竭虑为朝廷辛苦为朝廷忙，君王不领情也罢，却非要赐他一个"奸贪凶暴"的罪名，让他落得一个无所皈依的下场。

或许，在时人眼中，稼轩不过是人们茶余饭后的谈资，奚落他不懂为官应变的计谋，不明在朝野内外安然度日的智慧，更不知人生苦短，逍遥自在是最为紧要的规则，故而在生活的底层，他忧愁着自己的忧愁，舔舐着自己遍布全身的伤口。

此生自断天休问，独倚危楼。独倚危楼，不信人间别有愁。

君来正是眠时节，君且归休。君且归休，说与西风一任秋。

——《丑奴儿》

此愁，亦是壮志未酬、人闲田园中之愁。本欲登上层楼，以纾解烦忧，不料独倚危楼愁更愁。这愁无处搁置，也无法诉说，唯说与西风，抛给深秋。当年陶渊明狂达狂放"贵贱造之者，有酒辄设，潜若先醉，便语客'我醉欲眠，卿可去'"。稼轩也学陶渊明，说出"君且归休"之语，但相异的是，陶渊明是醉酒，而稼轩是醉愁；陶渊明是本色，而稼轩是刻意。想必两人睡梦中也是不同的景致，一为芳草鲜美、落英缤纷的桃源图，另一则为金戈铁马、血流成河的征战图。

乱世当前，有济世之人，也有避世之人。无从说谁人高尚，也无从指责谁人卑微。毕竟每个人价值观念殊异，况且不是每个心怀天下的人都有施展拳脚的机会，而那些以山林为乐的人反倒活出了自己的精彩。"竹林七贤"，竹林便是归所，谈玄醉酒，长歌当哭，好似不食人间烟火的仙人，隐于酒乡，遁世避祸，昏昏然中倒渲染出一片富有奇异色彩的历史，留下了一段逍遥洒脱的故事。

稼轩对于此，也并非不艳羡，只是心中有太多羁绊，这羁绊如同爬山虎的藤蔓，最初只是稀稀落落的几根，随着日子的累积，藤蔓一寸寸变长，最终爬满了整个墙壁，纠缠不休，剪不断，理更乱。寓居带湖的日子，这些忧愁之藤蔓反倒得了雨水的滋润似的，顺着时日的空子，密密麻麻爬得他满心都是，搅得他越发躁乱。

古人早就为后人揭示出福祸相倚、毗邻而至的道理，而年过四十的稼轩，只是迎接了一个又一个浪头，宦海沉浮、人世沧桑，仿佛他生来即为忧愁。纵然他已知晓何为大象无形、大音希声、大悲若喜，却单单解不开心中有关梦想的结。

那些无力改变的现状，无从支配的梦想，不说也罢。得到了多少又失去了多少，也无须再清算。南归二十年仿若一场大梦，他因梦想启程，又因仕途的无望搁浅，就好像在原地转了一个圈儿，而世间却并无太大变化。失意也好，得意也罢，至少路上的五味杂陈，他都亲自品尝过。就算被迫归去，幸而心中一统江山的愿望，不曾被懦弱俘虏。苦海无边，回头无岸，只愿在海中漂泊的稼轩，下一站风平浪静。

英雄相惜，一生知己

在这阒寂的上饶待久了，带湖也好似失却了先前的灵动气韵，就算有微风袭来，也不过是掀起几圈涟漪，而后便又恢复平静。无浪无风的日子，固然是一种宁静的幸福，但谁又愿意自己的人生如一潭死水毫无生气呢？

六七年的闲居时光，稼轩回忆起来，也不过是一张白纸。纵然蝉鸣伴奏，稻香扑鼻，于白纸上添上几笔色彩，但少了跌宕起伏的故事与情节，这张纸终究显得落寞而单薄。它始终等待着浓墨重彩的一笔，以期无味的日子活泛起来，就好似寒冷凛冽的冬日，一连数日皆是阴沉天气，经了一个夜晚，次日清晨推窗而望时，雪落万顷：山上是雪，茅舍上是雪，小径上是雪，湖面上也是雪，这世界顷刻间便成了一个冰雪的世界。东南西北，四面八方，无一处错过雪的热情，浩渺苍茫，荒寂远阔。这延伸无穷远的雪，霎时就让寂寂冬日热闹起来。

稼轩也期待这样一场雪,而好友陈亮(字同甫)前来相会的一封信笺恰恰为他酝酿了这一场雪。

他与陈亮的相识颇有传奇意味。当年辛弃疾从北方投奔南宋,寓居在江南的带湖山庄。名士陈亮仰慕辛弃疾的英名,特地前去拜访。那天天降大雪,路滑难行。到达辛弃疾所住之地要经过一座小桥,行至桥边时,陈亮所骑的马儿畏惧河水,无论如何也不肯过桥。陈亮本来急于见到辛弃疾,情急之下便挥剑怒斩马头,然后在风雪之中徒步向带湖山庄走去。而这一幕,恰好被站在楼上赏雪的辛弃疾所见。辛弃疾大有惺惺相惜之感,正感叹不知这是何人竟有如此英雄壮举,不料此人径直来到他家中递上了拜帖。

陈亮也是才气横溢、狂放不羁,且与稼轩一样一生念念不忘恢复中原。正所谓英雄惜英雄,两人相见之后,举杯对饮,畅谈天下局势,意气甚为相投,遂结为至交。那一年,稼轩三十九岁,陈亮三十六岁。此后他们自是各奔前程,皆为了南宋朝廷奔走呼号,多年未相见。

虽说如若真有情意在,天涯也若相邻,但又怎如月下对饮来得畅快。虽有鸿雁捎信,尺素传书,但到底不如当面倾诉来得尽兴。会面之期,一日又一日推延,转眼间已是十年过去。

淳熙十五年(1188年),陈亮终于前往上饶,与稼轩会晤。行前,陈亮也曾写信给朱熹,邀他一同前往,在未得到回信时,陈亮便先行赴会了。又是一个寒冬，这十年间的心酸坎坷自不必言，彼此的思念、爱惜之情也无须多说，四目对视时瞥见对方两鬓都已斑白，也并未觉得这世间苍凉。他们把这次相逢，当作神灵最为慷慨的馈赠。

此时稼轩已将半百，身染小疾，但为了陪伴故友，依旧带病前往。鹅湖寺以及沿途的十里松林都留下了二人的足迹，期思溪、瓢泉的清凉流水，都倒映过他们的身影，信州的风景佳胜尽收眼底。友人相伴，游览的兴致自然又翻倍。所谓美景需要共赏，苦难需要分担，人生有一知己相伴，曲折的路途也走得有滋有味。

两人一路上边游赏边休憩，饮酒作诗，谈笑高歌，好不快哉。待行至与朱熹约好的紫溪镇时，已过了数十日。想必朱熹因为种种错综复杂的缘由，不再来赴会，陈亮也便挥手告别，飘然而去。

陈亮去后，稼轩心中颇为不舍。故而次日又策马前去追赶。不料行至上饶县泸溪附近的鹭鹚林，因雪深泥滑，山间道路不好行走，只好颓然而返。他在路边的酒家独自喝起了闷酒，心中颇为惆怅，甚是追悔未能挽留陈亮。是日夜中，稼轩借住在泉湖吴氏的四望楼，半夜听到邻家传来的悲凉笛声，不由得心生感慨，写下了这首为故友陈亮所赋的《贺新郎》（又名《乳燕飞》）。

陈同甫自东阳来过余,留十日,与之同游鹅湖,且会朱晦庵于紫溪,不至,飘然东归。既别之明日,余意中殊恋恋,复欲追路,至鹭鹚林,则雪深泥滑,不得前矣。独饮方村,怅然久之,颇恨挽留之不遂也。夜半投宿吴氏泉湖四望楼,闻邻笛悲甚,为赋《贺新郎》以见意。又五日,同甫书来索词,心所同然者如此,可发千里一笑。

　　把酒长亭说。看渊明、风流酷似,卧龙诸葛。何处飞来林间鹊,蹙踏松梢残雪。要破帽、多添华发。剩水残山无态度,被疏梅料理成风月。两三雁,也萧瑟。

　　佳人重约还轻别。怅清江、天寒不渡,水深冰合。路断车轮生四角,此地行人销骨。问谁使、君来愁绝?铸就而今相思错,料当初、费尽人间铁。长夜笛,莫吹裂。

——《贺新郎》

　　稼轩曾说,世间不如意之事,十有八九,但如若在苍茫人海遇见一志同道合之人,共同审视人间的苦难,也会多些暖心的安慰。稼轩与陈亮的相识,也确实为一段佳话,任凭海上狂风呼啸,他们的小舟始终并行,已足够让人欣喜。有人说"世上唯一无刺的玫瑰,是友情",友情不似亲情那般与生俱来,也不似爱情那般裹挟着一股冲动,它平淡却持久,它不动声色却醇香千年。

两人在长亭上把酒言欢之景,如黑白电影般一幕幕在稼轩脑中回放。陈亮一袭粗布麻衣,那傲然的神态和洒脱的风姿如陶渊明一般令人起敬。他深知陈亮虽羡慕那一方青山绿水的宁静悠然,但心中又何尝不是像他自己一样燃烧着重整山河的壮志豪情。讨论国事时,陈亮慷慨激昂,胸中豪情似喷发的火山、奔涌的江涛,堪与三国诸葛孔明的志向与谋略媲美。

正当他的思绪要飘向金戈铁马的战场时,林间不知从何处飞来几只小鹊,在松枝间轻灵跳跃,把那树枝上的积雪踏得簌簌而落,词人的思绪也被拉回到现实中。时光太过残忍,将日历一页页撕掉,把青丝染成白发。阔别多年,如今他们都已年过半百,壮志却依旧未酬,如何不让人感慨。

想到宋朝大好河山,在金人的铁蹄之下多半被毁,只能在江南一隅苟且偷安,这"剩水残山"只能依靠几枝稀疏的老梅来点缀风光。虽然这天下亦有不少像他二人一样的义士,都有收复河山的决心与抱负,但终不过是寒冬里几只空中过雁,无法改变这萧瑟的现实。

男人间的情意,自与女人之间的细腻柔情不同,他们洒脱、刚强、义气,可坚如磐石,亦可韧如蒲苇,在硬与柔中,触动人心,经久不能忘怀。

东汉末年刘桢"仗气爱奇,动多振绝,真骨凌霜,高风跨俗"，其诗也如其人，狂放不羁，凛冽傲骨，字里行间多是情骇言壮之辞。正也因了这耿直的性子，惹来了牢狱之灾。他与徐干交情甚笃，在服刑期间常常作诗，以抒思念之情。想念往往可以使孤独的人在失去支撑的岁月里，学会如何与残酷的现实做斗争。刘桢便借着对徐干的想念，在牢狱中坚持到被赦免。

男人之间的友谊因了真诚和坦率，纵使吃了再多的苦也不怕失去。当年李白的船刚要启碇，汪伦便在岸上踏歌而来，这比桃花潭水还深的情意，至今读来仍然令人动情。杜甫在一个风起的秋日，忽得念起李白，随手便写下："凉风起天末，君子意如何？"

稼轩与陈亮也是如此。因懂得彼此心中的执念，故而惺惺相惜。只可惜世间所有的相聚，都比离别少一次，仿佛会晤的瞬间只为衬得分袂的长久。十年之后，他们再次相逢，偏又是匆匆离别。稼轩不禁感叹：你虽依约而来，但又怎舍得这样轻易离去？"怅清江、天寒不渡，水深冰合"，如此天寒地冻，再加上我身体大不如前，如何能追上你远行的脚步。厚厚的坚冰，也尘封起我们的故事。自别之后，我对你的想念就如同这长夜笛声，漫漫无期，似乎要将天地都吹裂。

悲痛至极，稼轩甚至怀疑，他们当初的相逢或许是个错误，最初倘若不相会，也就不用承受现在的离别之痛了。世上除了真心的朋友之外，没有一样药剂是可以疏通心窍的，这是一种温静而沉着的爱，历久弥香。

　　知音难遇，所以当初俞伯牙与钟子期那一曲《高山流水》才弥足珍贵。人与人之间的缘分向来浅薄，但这也恰恰教会了人们如何去珍惜。世间荒蛮，一个人走夜路太过孤寂，朋友正是燃亮内心的明灯。于稼轩而言，说陈亮是这盏明灯再合适不过。只是，天公不作美，不知要过多久，他们才能再次把酒畅谈，对雪赋诗。

　　不贪恋，才会快乐。然而用情深的人，总是太勇敢，紧紧抓着往事，生怕有一丝遗漏。却不知往事会渐渐变为一张密不透风的网，再挣扎也是惘然。人生来即孤独，有人陪伴不过是偶然燃起的一星火花，过后就岑寂。纵然怀念，这漫长的夜路，终究还是一个人要走。

第五章 十年瓢泉一场梦

醉里看剑，梦战沙场

稼轩在上饶平静地生活了七八年，除却读书作词，更多的时候便是游山玩水，倒也清闲自在，权当是修身养性了。多年来习惯了奔走漂泊的他，如今落脚在这个山明水秀之地，反倒觉得心酸。安稳的归宿固然令人惊喜，同时也意味着梦想的搁浅。本以为余生就在这山间默默地度过，那些年的执着也渐渐被风吹散。而与陈亮的会晤，好似银瓶乍破水浆迸一般，在这阒寂的山间掀起了桃花汛，岑静的低谷满是翩然而下的绯红。这红又像极了战场上热烈的血，只需一滴便让稼轩的梦想又有了温度。虽然陈亮已去数日，嗒嗒的马蹄声也已消逝在风中，但他的慷慨之词却时时在稼轩脑中回旋。

"乱世出英雄"的话自然不假，在乱世中志向高远、能征善战之人恰恰有了崭露头角、施展抱负的舞台。只是这舞台常常为奸佞之人霸占，真正的英雄却被挤到舞台边缘，稍不留神便跌至台下，摔得鼻青脸肿，无力爬起。故而爱国者的报国之心，也只能泯灭在沧桑岁月中。

稼轩也难免这般命运，一生力主抗金，在朝中投降派的排挤与打压中，始终站不到舞台中央。看到支离破碎的山河与流离失所的百姓，他却无能为力，激愤之情实在是难以平息。又是一个难眠之夜，想到边疆的战士还在征战沙场，却连连遭遇败仗，朝堂之上却是日日歌舞升平，稼轩心中不由得燃起怒火。陈亮离开之后，家国之殇、友情之悲，常常轻易戳中他的死穴。借着酒劲儿，他拿起那把日日擦洗、磨得明光可鉴的宝剑，在灯下细细端详。只见宝剑寒气逼人，若用它来杀敌，一定所向披靡。可这样的一把好剑，却连出鞘的机会也没有。

醉里挑灯看剑，梦回吹角连营。八百里分麾下炙，五十弦翻塞外声。沙场秋点兵。

马作的卢飞快，弓如霹雳弦惊。了却君王天下事，赢得生前身后名。可怜白发生！

——《破阵子·为陈同甫赋壮词以寄之》

南归之后，将近三十年的潮起潮落，跌宕起伏，依旧没有泯灭他的豪气。或许，这与生俱来的气质，自是与生命连缀在一起的，至生命终结的那一刻，它才会被一抔黄土掩埋。令人心酸的是,"看剑"只是在醉里,"吹角"只是在梦中。现实与梦境不过是一道光的距离,稼轩穷其一生也没能跨过去。

醉了也好,梦中也罢,用墨香记录的尽兴,也算得幸事一桩。那一晚他拿起宝剑,在灯下挥舞,人影在墙壁上晃动,宝剑闪出的光亮让人眼花缭乱。隐隐约约中,忽听得营帐外传来的号角声,稼轩激动不已,穿戴好盔甲,举起酒杯,面对着三军将士慷慨陈词。兵将们个个摩拳擦掌,在享受完出征前的美酒佳肴后,一个个精神抖擞,迫不及待地想要到战场上和敌军厮杀。秋天正是征战的绝佳时机,天高云淡,凉风习习,伴随着低沉雄壮的军歌,将士们个个视死如归,场面何其雄壮,又何其苍凉。

战马个个如刘备的坐骑的卢马一样矫健,好似风驰电掣一般。马背上的战士更是个个骁勇善战,手中弓箭如霹雳般迅猛。敌人纷纷落马,残兵败将狼狈溃退,不消几时我军凯旋,旌旗飘扬,战歌响遏行云,这般场面又怎不令稼轩心潮澎湃。助君王收复失地、平定天下,同时也成就自己万古千秋的美名,"天下事"已然了却,"生前身后名"也已赢得,岂不壮哉。

如若稼轩落在纸上的笔墨,于此处停止,则不失为一篇激荡人心的"壮词"。然而羸弱的南宋又怎会有培植"壮词"的土壤,这不过又是一个美好的梦境罢了。在醉梦中他攀上了梦想的巅峰,却在醒来的那一刻直直掉入深谷。这热闹的梦,反倒造成了他的落寞。在哀叹中睁开眼睛时，也才发现那征战沙场和豪迈之举不过是幻梦一场，只得道一句"可怜白发生"。

典当了整个青春，却还是两手空空。而历史的长河中，如稼轩一样一无所获，只赚到了年龄的，大有人在。唐朝历经"安史之乱"后，便一点点从巅峰往下坠，而朝中上下仍是醉在雍容华贵、天朝大国的梦中，醺醺然不知其危，清醒的人如杜甫、杜牧等人，用尽全力扭转颓势，却收效甚微。无奈的他们也唯有将满腔忧愤在笔尖倾倒而出。

"国破山河在，城春草木深。感时花溅泪，恨别鸟惊心。烽火连三月，家书抵万金。白头搔更短，浑欲不胜簪。"杜甫的这首诗，道尽了多少人的悲苦。这个历史的拐点，又断送了多少人的青春与梦想。春天如期而至，而花鸟草木却仍惊魂未定。搔首踟蹰间，已是满头白发。山河破碎，人如飘絮，又至垂暮之年，怎不令人心痛？

其实，杜甫与稼轩一样，恼恨的并不是白发横生，而是理想无从实现，家国摇摇欲坠。

世间多少伤心事，逸人高张，贤士无名，不禁使人愁怀黯然，销魂凝魄。陆游在《诉衷情》中云："胡未灭，鬓先秋，泪空流。"情到深处，大丈夫也落泪，整片热土都充满惆怅。"怒发冲冠，凭栏处、潇潇雨歇"，情思何其郁勃，意境何其开阔，撼天动地，涤荡襟怀。不同的时代，同样的忠贞，千古之后读来，依旧令人心潮澎湃。

欲要言，无处说，便都一一付于词作中。千百年来的词人如此，稼轩亦是这般。忧国情深，酸涩中饱含苍劲。这首词历来备受好评，现代学者梁衡说："我敢大胆说一句，这首词除了武圣岳飞的《满江红》可与之媲美外，在中国上下五千年的文人堆里，再难找出第二首这样有金戈之声的力作。"王国维也说，沙场里最美的句子，就是"醉里挑灯看剑，梦回吹角连营"。

然而后人评点如何，已与稼轩无分毫关系。他挥笔作词不过是为了给满腹心事寻个宣泄的出口。词中的热闹唯有回荡在漫长的历史长河中，而他也只得登上高楼，可纵使他把栏杆拍遍，也未得到朝廷的回应。

故而他只能把落到纸上的心事小心翼翼地折起来，装进信封中，寄给陈亮。偌大世间，也唯有与陈亮相互扶持着才能走下去。贫瘠的时代，是英雄的末路，他们又何尝不知晓。只是自己选择的路，怎会以泥泞为由而中途折回，即使满鬓白发，也无法停下脚步。

少日春风满眼，而今秋叶辞柯。便好消磨心下事，也忆寻常醉后歌。可怜白发多。

明日扶头颠倒，倩谁伴舞婆娑？我定思君拚瘦损，君不思兮可奈何。天寒将息呵。

——《破阵子·赠行》

  风景与心境总是同一色泽，世人用眼睛捕捉的景致也尽与心灵相契合。

  无知者无畏，少年时，尚不知世间艰难，天大地大，无际无涯，自有一种唯我独尊的豪气。刚刚脱离故乡的怀抱，在陌生的土壤撒下梦想的种子，单纯地以为有微风有酥雨便能开出不一样的花朵。然而在坎坷的路中走了一程又一程，却总不见柳暗花明，才知晓所谓恢复中原的梦想，到如今不过是一种痴念与幻想。早日满眼春光，而今老了，却见落叶飘零，铺延满地。

  稼轩为南宋交付了自己的一生，日渐消瘦憔悴，到头来却终是一无所有。都说，冬日来了，春天就不会远了，而稼轩一直在雪深三尺的寒冬中蹒跚行路，却偏偏等不到雪消心暖的春日。这一路，他走得未免太过艰难。都算了吧，近来白发一日多过一日，又何必让那些烦忧之事再扰乱了心神。

  当然，世间的每一条路，都有荆棘遍布，如若要攀得高峰，又怎么可能不经过艰难的淬炼，纵使是九五之尊的帝王也难免命运的折磨。

  淳熙十六年（1189年）正月，金国治世之主世宗完颜雍病亡，其孙完颜璟即位，史称金章宗。几乎与此同时，宋孝宗以周必大为左丞相，留正为右丞相，王蔺为参知政事。同年二月，宋孝宗禅位给太子惇，史称宋光宗。

每个新君登基之初，都是抱着国富民强的愿望，希望在位期间能有一番作为，以便在浩瀚的历史中，留下自己熠熠闪光的名字以及功业。宋光宗即位之时，正当壮年，登基第二年便改元绍熙，颁布以武力恢复中原的施政纲领。"总权纲，屏嬖幸，薄赋缓刑，见于绍熙初政，宜若可取。"此是史官对他的评价。

然而，人生在世，好似一场狼狈的流亡，最初的美好，也只如天边偶然划过的流星，最终会消逝在浩渺无际的夜空中。宦官专权，奸佞当道，周必大等人守旧庸碌，对一系列措施多加阻挠，奈何宋光宗一人势单力孤，改革更新之举也只得作罢。

刚刚燃起的一点星火，又霎时被扑灭，燎原之势也成空。稼轩词中的字字句句，原来都是刮着凛冽寒风的现实，再醉一场，再梦一场，摩拳擦掌、短兵相接或许只存在醉梦中。沧海沉浮，他也只得在上饶看山看水，空把大好岁月消磨，用寂寞填充寂寞。

然而，豪放如他，又怎么甘愿就此停下追求的脚步，就算是悲伤，也要悲伤得酣畅淋漓。或许下一次启程，仍是放逐的结局，但他也会兀自将剑磨亮，等待下一个出鞘的机遇。

宦海沉浮，戒掉梦想

宦海浮沉，得势失势，从来没有止境。人生仿若大海中的游鱼，不知哪一刻会来一阵飓风，搅起千浪万波，将大海掀个底朝天，游鱼的命运也由此转变：有浮上表面的，也有沉入海底的。或好或坏，或喜或悲，春风得意或塞翁失马，都如一场无从排练过的大戏，当中的演员，各有各的表情，也会将酸甜苦辣的滋味尝遍。

宋光宗上台仅仅三个月的时间，在朝中居要职数十年的左丞相周必大便被弹劾罢相。次年七月，留正擢为左丞相，王蔺为枢密使。五个月之后，王蔺因此前被周必大所庇护亦被罢职。至此，朝中反对起用稼轩的主要人物皆已被逐出朝堂。且留正早年即与稼轩相识，二人志向甚为相合。故而，稼轩得以出仕，亦在情理之中。

果不其然，宋光宗绍熙三年（1192年）初，辛弃疾应召入朝,出任福建提点刑狱。是年年底(1193年2月),他由三山奉召赴临安。当时被罢官的好友陈岘设酒为他送行,珍馐满盘,美酒飘香,本应把酒言欢,不提政事,好好道一声珍重,但两人面对半壁江山,竟渐渐食不知味。微微醉了的稼轩,更是将千万声叹息,融进笔墨中。

长恨复长恨,裁作短歌行。何人为我楚舞,听我楚狂声?余既滋兰九畹,又树蕙之百亩,秋菊更餐英。门外沧浪水,可以濯吾缨。

一杯酒,问何似,身后名?人间万事,毫发常重泰山轻。悲莫悲生离别,乐莫乐新相识,儿女古今情。富贵非吾事,归与白鸥盟。

——《水调歌头·壬子三山被召,陈端仁给事饮饯席上作》

古来送答之词,汗牛充栋。因袭旧体,落入窠臼的也是屡见不鲜。而稼轩这首词,不说离散,不说留恋,不说彼此,将微尘般的个体融入重于泰山的家国,将人格与志节做了最深情的表白,动之以情,晓之以理,在送答词中实属难得。

人生不过几十载,真正有梦的人有几何,多数人不过是躺在美人的温柔乡中醉生梦死,以求安稳富贵罢了。纵然神州陆沉、金瓯半缺,人们也是在偏安一隅的江南水乡中,酥了筋骨,销了神魂。只要金兵的刀戟还未劈开临安的大门,处于高堂上的君臣便可安然地斟满酒杯,在殿堂酒香中听笙乐琴曲,赏轻盈舞步。

在绮香绝艳的氛围中,格格不入的人往往难免被排挤的命运,稼轩便是如此。金兵频频南侵,战火连连,他随时准备奔赴前线,却又一次被停滞了脚步。多次献上真知灼见,却一次又一次被无视。荒淫之乐浸满秦淮河,这让稼轩焉能不恨。这恨广如苍穹,深若海底,长似江河,重重叠叠,绵延不尽。本欲端起酒杯,将这无法排解的"长恨"一饮而尽,可竟也是妄想。无奈中只得蘸着浓墨,"裁作短歌行"。无法尽言,又不能不言,这"长恨歌"与"短歌行"的照应,也确实难为了稼轩。

"裁作短歌行",需要精致凝练的言语,也需要恰到好处的剪裁技艺。用典这门技艺对稼轩而言,已是轻车熟路。于此处,稼轩用到了刘邦与屈原的典故。

"楚歌",据《史记·留侯世家》中所载,汉高祖刘邦"欲废太子,立戚夫人子赵王如意",却终因张良等人的劝说作罢。面对哭诉的戚夫人,刘邦亦是无奈至极:"为我楚舞,吾为若楚歌。"又晋人《高士传》,"楚狂"指楚人陆通,其人躬耕不仕,曾当面讽刺孔子执迷不悟,在政治道路上疲于奔走。楚歌、楚舞也好,楚狂人也罢,皆如稼轩一样虽有"长恨",却不能言说,只得在一唱三叹中无奈地叹息。

屈原怀抱着他的忠诚,寻觅了一生,而时人却从未相信他的忠诚。就连江边的渔父都劝他放弃自己的执念,既然"沧浪之水清兮,可以濯我缨;沧浪之水浊兮,可以濯我足",又何必那般为难自己。但屈原纵使披头散发、形容枯槁地游走于汨罗江畔时,也不愿"以皓皓之白,而蒙世俗之尘埃",他是如兰、如蕙、如菊般的男子,举世混浊唯他独清,众人皆醉唯他独醒。

独自醒着的人,在比墨还要黑的夜中,注定要承受那一份令人窒息的孤独。无路可走时,也唯有将心中血泪化作一篇比岁月还要坚韧的《离骚》,而后纵身跳入江中。生命可以消散,而兰的气度和人的气节,却如夜幕中的那颗北极星,永远不曾转向。稼轩正是以它为指引,走过了一段又一段黑暗的旅程。

漫漫人生路,难免会有风霜雨雪。纵然万里无云叫人欢喜,但历经痛苦、绝望和心碎,才算修得一个完满的人生。五十载的风风雨雨早已让稼轩看透世事,当生命呈现破碎的状态时,他也总是用耐心与关爱去缝补,对梦想的敬畏,对生命的诚恳,成全了他的尽善尽美。故而,在逆境中,他敢于对混浊的世间说"不",既然收复中原的梦无从嫁接到现实中,还要那身后的虚名做什么,倒不如醉在酒中。况且世间之事多是轻重颠倒,是非不分,黑白不明,统治者也是一味苟且偷安,得过且过,置危亡不顾,置江山不顾,置黎民不顾,这由不得稼轩不"长恨复长恨"。

世间最悲怆之事莫过于生别离,最欢愉之事莫过于结识新知，古来如此。然而在新人未结、离散未散的罅隙中，想要快乐起来，又岂是那么容易的事情。相遇万般难，离别却只需一瞬间，让有着相似心志、感情甚笃的两人，挥手说再见，实在是太过残忍。稼轩已转身走了数步，却又折回来，对陈岘说："富贵非吾事，归与白鸥盟。"

想必这样的话，也只有在最为信任的朋友面前，才能吐露出来，也只有知己才能体味到其中隐含的决绝与心酸。稼轩这次奉召奔赴临安，并非为一己之私，也并不打算长久停留，待使命画上句号，他还是要回到这幽静的山林中，与山相对，与水为伴，看白云飘浮，饮浊酒千樽。

送别之时，并非哭泣才显情深，并非黯然销魂、泪流满面才算恋恋不舍。稼轩这首送答词，有不舍却无怨恨，有哀情却无伤情，倒是那坦诚的心声与殷切的勉励，触动人心，这也是此词流传千年而不褪色的缘由。顾随先生曾这般评价稼轩："辛有英雄的手段，有诗人的感觉，二者难得兼……中国诗史上只有曹、辛二人如此。"稼轩确也当得起这样的盛誉。

或许，对于稼轩而言，在词史上的盛名实属偶然，反倒是有心培植的中原梦想之树一直未能开出绚烂的花朵。世人在千变万化的世事面前，不过是一粒尘埃，扭转乾坤也从不是那样容易的事。稼轩策马赴任扬起的灰尘还未落下，国君便又换了新的面孔。

绍熙五年（1194年），宋孝宗去世，而宋光宗由于此前与宋孝宗有矛盾，竟不愿出来主持葬礼。自古以来国人便极为重视孝道，身为天子的宋光宗却无视古人向来视为天条的礼仪，实在是荒唐至及。朝廷上下也是人心惶惶，到处流传着政局不稳的谣言。

却偏偏谣言有蛊惑人心的魔力，此时大臣赵汝愚与韩侂胄站了出来，发动政变，迫使光宗禅位，拥立皇子赵扩，史称宋宁宗。宋宁宗虽是龙袍加身，龙椅高坐，也不过是权臣窃取国柄、左右摆布的傀儡。《四朝闻见录》有这般言语："大臣进拟，不过画可，谓之'请依批'。"说的就是宋宁宗。

君主的懦弱，注定了一个国家和一个时代的衰竭。赵汝愚和韩侂胄掌权，又将摇摇欲坠的南宋往深渊中推近了一步。稼轩深知，自己又要做一次桌台上的祭品。果然，在宋宁宗即位不到一个月的时间，稼轩便以"残酷贪饕，奸赃狼藉"以及"旦夕望端坐闽王殿"为由被弹劾。

踮起脚尖，他还是未能够着栖息在庙堂之上的梦想。从哪里来，还是要回到哪里去，走了一圈，不过是徒增了些伤感。

举头西北浮云，倚天万里须长剑。人言此地，夜深长见，斗牛光焰。我觉山高，潭空水冷，月明星淡。待燃犀下看，凭栏却怕，风雷怒，鱼龙惨。

峡束苍江对起，过危楼，欲飞还敛。元龙老矣！不妨高卧，冰壶凉簟。千古兴亡，百年悲笑，一时登览。问何人又却，片帆沙岸，系斜阳缆？

——《水龙吟·过南剑双溪楼》

南剑州中有剑溪和樵川二水环绕，双溪楼正处于二水交流的险绝处，稼轩在回江西的途中经过此地时，抑制不住内心悲愤情愫的喷涌，非要在这"千锋似剑芒"的山中刻下自己的心迹。

朝西北而望，任凭站得再高也望不见神州，任凭手中有锋利的长剑可以劈开厚厚层云，朝廷也从未给这刀剑一个出鞘的机会。剑溪、樵川二水汇集之后在高高的双溪楼旁流过，水势激荡，奔腾欲飞，在受到峡谷阻滞后，不得不有所收敛，稼轩又何尝不是如此呢。一再流露奔赴前线奋勇杀敌的欲念，却又一再被罢免，这于国家、于时代、于自己，都是何等的遗憾。

历史的沉浮、朝代的更迭、国家的兴衰与个人的悲喜，不过是云烟过眼，哪里有什么永恒。功名终究会化为一抔尘土，起废为用也不过是一场幻梦，还是归去吧，田园深处才能安慰受伤的灵魂。

嗒嗒的马蹄掀起的尘埃，又眯了眼睛。似乎这场关于人生、关于梦想的战役，稼轩从未握得主动权，可是又能怎样呢？受过的伤，就权当是成长的代价吧。一笑而过也好，痛哭流涕也罢，笑过哭过后终要默默地舔舐伤口。好在跌跌撞撞几十年，于混浊的世间，稼轩是一朵清洁如许的莲，不沾零星淤泥，就算今日归去，也是一种磊落的气节。失却了官袍，还有中原梦想与壮志豪情傍身，他从来都不是一无所有。

浊酒一杯，今夕何夕

古来诗人无不嗜酒，诗歌、女人、酒，唯真潇洒自风流。没有观众，没有掌声，没有登台与谢幕，只需一杯酒，一切便都浑然于天地，婉转于苍穹。一杯清酒，让飞扬的青春更加浪漫；一杯烈酒，让灼热的胸怀更加激荡。英雄的壮烈与惆怅，都化作清酒、美酒，陶醉了人心，也就酿酒了诗情。

欣悦时需要酒，寂寞时更离不开酒。或是对玫瑰色幸福的眷恋，或是对冷酷现实的逃避，只要沾了一滴酒，便添了三分浪漫调子。这醺醺然的醉，也就借着清烈皆宜的酒，晕染出程度很深的痴迷。杜甫曾写有《酒中八仙歌》，其中说贺知章骑马如坐船；汝阳王恨不能把自己的封地移到"酒泉"；崔宗之酒后英俊潇洒，衣袂飘飘，宛如玉树临风；以"草圣"著称的张旭，醉后往往奋笔疾书，字迹如云卷云舒，潇洒自如。

以酒麻痹自我的人，自古以来便不在少数。稼轩也是爱酒的，这爱的程度丝毫不逊于任何一个古人，恨不得"移家近酒泉"。相传"酒泉"之地，泉水清澈，甘甜如酒，日夜喷涌而出。都说寂寞有多深，酒量便有多大，想必稼轩对酒的痴爱，也因了这无法化解的惆怅。在这份痴迷中，他不过是要获取须臾的欢乐。然而，酒仙李白曾说"举杯消愁愁更愁"，酒固然可以短暂麻痹愁绪，但酒杯有底，愁绪无垠，酒杯满时，那溢出来的惆怅又该如何去安放。

再一次落职之时，梦想如微弱的火光，终于彻底熄灭，周遭是更深的黑暗。他为打开这一扇门，用尽了一生的力量，却终究没有邂逅门后的风景。这固然叫人伤怀，但至少窗外落英缤纷，让他的伤口渐渐愈合。既然为家国忧愁已然没有必要，也就无须试图用酒买醉，戒酒自然也在情理之中。

只是，稼轩知晓，戒酒，其实是在戒掉梦想。

杯汝来前，老子今朝，点检形骸。甚长年抱渴，咽如焦釜；于今喜睡，气似奔雷。汝说"刘伶，古今达者，醉后何妨死便埋"。浑如此，叹汝于知己，真少恩哉！

更凭歌舞为媒。算合作人间鸩毒猜。况怨无大小，生于所爱；物无美恶，过则为灾。与汝成言"勿留亟退，吾力犹能肆汝杯"。杯再拜，道"麾之即去，招则须来"。

——《沁园春·将止酒，戒酒杯使勿近》

片刻的欢笑其实是泪水的另一番升华。读罢此词，只觉突梯滑稽中饱含着欲要言说又不能言说的寂寞和愁苦。笑着笑着，就笑出了眼泪。与其说稼轩作词时蘸的是墨，毋宁说是心酸，而在这一阕词中还添加了一剂幽默的药末儿，呛得人止不住要咳嗽，动辄便是撕心裂肺的牵扯。

题前便有语"将止酒，戒酒杯使勿近"，开门见山即要与酒杯来一场酣畅淋漓的谈判，表明其将要戒酒，喝令酒杯勿要跟随，好似酒杯是他的随从一般。

稼轩以主人身份向酒杯发话：杯子，你给我站到前面来。最近检查身体，越来越发觉长年口渴，喉咙干得似焦炙的锅子一般，如今又新添嗜睡的毛病，鼾声如雷，甚为气恼。"咽如焦釜""气似奔雷"，极言病酒之反应，虽不免夸张，但平日酗酒程度之高也可见一斑。

稼轩曾在《定风波》中记载，一日在外与朋友醉饮，至深夜方才踉踉跄跄归来，还未来得及将衣服脱下，便往床上倒头一睡，继续于醉梦中寻觅酒乡。翌日清晨醒来，朦朦胧胧中发现淡绿色纱窗上贴满了纸条，揉揉双眼，才知晓其上满是范氏劝他戒酒之言。爱妻的疼惜、梦想的夭折，终让他下定了戒酒的决心。

只是他不曾责怪自己贪杯，倒要气恼杯子紧紧跟随，这实属冤枉了酒杯，它自然要为自己辩解。"汝说'刘伶，古今达者，醉后何妨死便埋'"，嗜酒如命的人多半是借酒浇愁，而独独刘伶却引以为乐趣，并且将饮酒奉为上乘，为其表彰。因而浸在酒坛半醉半醒的他，写下二百余字的《酒德颂》。《晋书·列传第十九·刘伶》也有记载，言其常乘鹿车，携一壶酒，使人荷锸而随之，谓曰："死便埋我。"刘伶在饮酒方面真可说是已达到可驾驭万物的境界，忘却生死，忘却荣辱，其遗形骸如此。如若像刘伶那般只管有酒即醉，死后不妨埋掉了事，才算得古今达者。

酒杯之言听来似乎也不无道理，稼轩也只有叹息道："你虽无情意，倒也尚算我的知己。"只此一句，便将昨日不如意的苦楚和盘托出。乱世当前，知己难逢，纵然与陈亮交心，到底与他隔了山岳江海。无奈时，也唯有将凝重的心事，和着酒说给酒杯听。

世间总是有许多事无法割舍，比如年少时青涩的爱恋、不能成真的梦想、获取不了的功名，却不能不舍。在永无终点的路上，稼轩舍去了在家乡安稳度日的生活，舍去了在街角边邂逅的美姬，舍去了与带湖相依相伴的舒适，只为了心中那无法割舍的梦。然而世间肃寒，梦也渐转凉薄。成长的代价，原来是一路走一路舍弃。这一次，他舍弃的是陪他一起醉的酒。

放弃，就要放弃得决绝。不舍，只会让彼此更为难堪而已。于是稼轩仍是义正词严地数落酒杯：你凭着歌舞为媒介，频频出现于宴席上，使人沉迷其中，这合该算得上人间毒酒了。况且怨恨不论大小，常常是爱到极点方才产生。事物就算再好，过度即会酿成灾害。所谓水滴石穿、绳锯木断，一心一意果真是世界上最柔软又最强大的力量。

稼轩在振振有词中，也隐隐流露出对自己的谴责。其实是自己的执念与偏爱，致使对美酒爱极成怨，美过成灾。仕途又何尝不是这般，汲汲营营，最后伤了梦想也伤了自己。有人说，在无法得到时，唯一能做的便是令自己不要忘记。既然酒已不能陪伴左右，也只有采撷一段有关酒的记忆，而后喝令酒杯不要再在此地逗留。

杯子无从还口，只道了一句"麾之即去，招亦须来"，你不需要的时候我便退去，你召唤我的时候我便回来。言语中骨子里皆是自信与洒脱之气，它是认定了稼轩终有一日还会需要它。

于稼轩而言，戒酒如同戒断功名梦想，反反复复，从未彻底。就算酒能戒掉，忧愁又如何戒掉。举杯不能消愁，放下酒杯愁也不会自行散去，稼轩早已上了治国安民、恢复中原的瘾。所以，处江湖之远，他还是忧其君，还会端起酒杯。

醉里且贪欢笑，要愁那得工夫。近来始觉古人书，信着全无是处。

昨夜松边醉倒，问松"我醉何如"。只疑松动要来扶，以手推松曰"去"。

——《西江月·遣兴》

山河破碎，他在山林中寻找在尘世中丢失的自己，却无法惬意悠然；草盛豆苗稀，也乐得"晨兴理荒秽，带月荷锄归"。田园中的稼轩多了几许悲，让人感受到的多是壮志未酬的悲凉。戒酒无非是为了忘却，而一次又一次忍不住惦念。或许端起酒杯，谈起国事时，心便不会那般痛。

乍看词题，"遣兴"二字，好似是稼轩在即兴抒写自己悠闲的心情，但细细品味，则知并非如此。诙谐之笔不过是一个幌子，戒酒买醉不过是一个手段，醉里无限的悲愤、辛酸以及无奈，方才是他的心声。这首词犹如一颗洋葱，慢慢剥开，剥到最后一层时，终会让人泪流满面。

望江山满目凄凉，拼命改变现状，收获的也只是斑白的头发、渐长的年龄以及说不尽的失望。稼轩倦了，累了，昨日的痛楚也不愿再计较了，忧愁何其多，哪里愁得完，索性就在醉里贪欢吧。

《尚书》中有"任贤勿贰"的至理名言，可偏偏南宋朝廷的所作所为，与这一名言差距如此之大，他不由得发出"信着全无是处"的感慨。况且《孟子·尽心下》也有"尽信书，则不如无书"的言论，至理名言放到生活中，根本无从验证，不信也罢。

稼轩"昨夜松边醉倒"，居然把松树看作有生命的个体，且与它进行了一番对话，问松树"我醉何如"。醉眼蒙眬中，他甚至以为摇动的松树要来扶他，因而用手推开松树，并对它大喝一声:"去!"

在闲居岁月中,稼轩赋词总爱提到松。于清醒时,松树是他"检校长身十万松"的阅兵对象;于烂醉如泥时,松树又摇身一变成为他倾愁解闷的伴侣。作为岁寒三友之首的松树,正是稼轩人格的寄托。然而,他这棵松树,也渐渐在苍凉的岁月中,失却了温度。

自南归后,他时时寻觅着入仕的机遇,欲要飞蛾扑火般拯救苍生。最后在冰冷的世间,受寒、受伤。如今归隐山林,却也是归隐得那般不甘不愿。他与朝堂的关系,好似断开的藕,中间还是牵连着斩不断的千万缕细丝。纵然他幽然地走进自然中,铁血丹心中念念不忘的还是扬起万丈风尘的战场。

人生如梦,是醉是醒,今夕是何夕,无法说得清。一杯杜康入喉,有时也会烈得呛出眼泪。一个属于金戈铁马的英雄,生生被时代泼出悲伤的底色,唯在这块黯淡的幕布上,蘸着泪,蘸着血,蘸着豪气,蘸着悲愤,也蘸着绝望,为自己也为后人留下独特的印记。

爱到深处，选择放手

古人的婚姻多受父母之命、媒妁之言的影响，少有能与心仪之人共牵一条红线，才情互许，志趣相投，而后结成芙蓉并蒂、琴瑟和鸣之好。更多的则是婚姻与爱情生生被割开一道伤口。若悉心经营，温柔守护，或许还能治愈伤痕，换一份举案齐眉、相濡以沫的平淡幸福。还有的人，完全将自己当成婚姻里的路人，冷漠以对，直到把对方的热情也化成冰。

可怜了那些从未得到丈夫宠爱的女子，被囿于深闺，连那一道门槛都不能轻易跨出，遑论挣脱婚姻的牢笼。相较而言，男人则幸运得多，起码他们还有很多条道路通向爱情，譬如纳妾。

古时女子便以夫婿为天，他在身边时，言听计从，尽心服侍；他远走求取功名时，也是一点相思万缕愁，日日在河畔望归帆。女子此生只嫁一夫，而男子身边却是莺莺燕燕。在爱被一点点分给旁人时，她们不仅不敢有半句怨言，还要咽泪装欢方才算得上贤淑。至于那藏在心里的万般泪，也唯有洒在无人处。

纵然稼轩以家国为重，身边也是妻妾成群。正妻先后有赵氏、范氏两位，而侍妾有记录的便有七位：田田、整整、香香、钱钱、飞卿、卿卿、粉卿等。这或与风流有关，或与身份有关，也或许只是为了在荒凉世间借取一点儿温暖。幸然稼轩多情而不滥情，知晓在对的时间遇见彼此，是可遇而不可求的缘，也就明白如何去珍惜彼此的陪伴。

当这份爱随着时日推移，渐渐成为一种负累时，稼轩也懂得用割舍去成全。此时他已是归隐山林的半百老人，再加上因醉酒引起的身体不适，便决意要遣散身边几个歌者和侍妾。

轿儿排了，担儿装了，杜宇一声催起。从今一步一回头，怎睚得、一千余里。

旧时行处，旧时歌处，空有燕泥香坠。莫嫌白发不思量，也须有、思量去里。

——《鹊桥仙·送粉卿行》

一座城市的价值，需要用离别来体现。犹如一段爱情的分量，需要离别来衡量。在粉卿将行李收拾妥当，与稼轩挥手作别时，他方才明了他是怎样深深爱着。人与人之间的缘分，就是这般奇妙，如若不失去，可能永远也不知道自己曾经拥有过什么。

窗外杜鹃的哀鸣,生生揉碎了稼轩的愁肠。当粉卿一步一回头,走出千万里时,也未曾走出他的视线。记忆这种东西,总是在离别后,才出落得如小溪那般清澈。

粉卿善歌舞,初遇她时,正是于朋友的宴会上。清亮婉转的歌声穿过层层帘幕而来,稼轩尚在帘外,只闻其声未见其人,却已能想见帘内佳人那如花朵一样妩媚的面容。又有琵琶声相和,参差错落,嘈嘈切切,好似沉睡了千年的心事,也会因这世间妙音而苏醒。

歌声、琵琶声直直地戳中了稼轩最柔软的心思,当稼轩掀帘而入,窥得她的面容时,仿佛晴日下的潋滟秋水突然被惊扰,荡开了一圈圈涟漪。只见她轻描眉黛,额点蕊黄,发髻如环,身着一袭淡绿罗裙,霎时便让稼轩心旌摇荡。在席间坐定,酒过三巡后,借着微微的醉意,稼轩便命粉卿唱一首曲子助兴。

她见是一个暮年男子,虽历经沧桑但气势尚在,面部残留的岁月痕迹,更为他添了一份岿然不动的坚毅,心下便有了一分敬意。朱唇轻启,柳永的《曲玉管》便自她口中婉转淌出。尤其是煞尾那一句"每登山临水,惹起平生心事,一场消黯,永日无言,却下层楼"唱碎了众人心。座中人虽被她的声音倾倒,到底不忍卒听,因为那如泣如诉的声音,让听的人肝肠寸断。

这声音让不易动情的稼轩也醉了。直至宴席散后,稼轩还是不忍离去。友人看穿了稼轩的心思,便提出将粉卿送与他。起初稼轩虽欣喜却也是推辞，说是不妥，友人再三说粉卿无依无靠，若随他而去，最好不过，稼轩这才答应下来。

无人参透相遇与分离的秘密，邂逅时有多欢欣，离散时便有多痛楚，昨日的点点滴滴不过是日后回忆的点缀而已。这道甜蜜的忧伤，舍之，不忍；不舍，又痛。反反复复，缠绵交织，扰得站在河两岸的人，茶不思饭不想，就这般憔悴下去。

稼轩将她带回后，也命她唱过自己的歌词。不同于柳永的如怨如慕，哀婉凄厉，悱恻缠绵，而如受伤的苍鹰飞过天空时，划下的弧形啼鸣，有些决绝，也有些无奈，更多的是孤寂。粉卿看懂了稼轩的词，稼轩听懂了粉卿的歌，彼此慰藉何尝不是一种幸运。只是这旧时词，旧时歌，旧时曲，也如落花随流水一般，渐渐远去了。娟娟缺月西南落，燕燕之声飘香彻，佳人终究是望不见了。

"莫嫌白发不思量"，又怎能不思量。自己年事已高，或许不久便要撒手人寰，而她却正处于生命之春。浅薄的爱是占有，深沉的爱却是成全。稼轩爱的方式，正是放手，为她寻得一个好人家，让她享受平淡的幸福。

只是，他不曾问过粉卿，离去是不是合她心意。他又怎么就能笃定，她的生命之花于别处的土壤才能开得热烈美艳？或许她愿意陪她走到生命的尽头呢？爱情，说到底，竟然是一场有规律的阴差阳错。稼轩的成全,换来的是粉卿的埋怨、不舍,更有自己日日夜夜剪不断的思念。

人道偏宜歌舞,天教只入丹青。喧天画鼓要他听,把着花枝不应。

何处娇魂瘦影,向来软语柔情。有时醉里唤卿卿,却被傍人笑问。

——《西江月·题阿卿影像》

人世间能穿越空间与时间的,怕也只有爱与想念吧。无论走了多久,无论走得多远,只要记忆还在,就好似那个日思夜想的人还在身边。

粉卿的离去,让稼轩尝尽了相思滋味。故而,他劳烦当地一位技艺高超的画师,为他画了一幅粉卿的肖像。画中的她眉微蹙、眼微合,翘袖折腰云舞,如同新荷摇艳,波纹荡漾。一颦一笑,都牵动人心,真个是如花美眷。

欲明将熄的灯,起了一层昏黄的雾气,在迷迷蒙蒙中,沾了一点酒的稼轩竟觉画中的粉卿正朝他缓缓走来,莲步轻移,罗裙微动,就连微风也染了一丝妩媚。这水墨丹青实在是传神得很,画中美人一如昨日轻盈娇小,令人忍不住便要疼惜起来。因了堪与黄莺媲美的歌喉,无数男子曾为她倾心,而她却捧着这颗不染尘埃的芳心希望投入稼轩的怀抱。呢喃软语、悱恻柔情，也只愿为稼轩做一个爱的囚徒。只是指缝太宽，欢愉太瘦，稍不留神，就沉入岑寂的山谷，换得一声沉闷的回响，而后便是阒寂无声。

在缄默中，稼轩也唯有面对着这一幅逼真的画，不怕旁人笑话，声声唤着卿卿。

爱得炽烈，相思也成折磨。世间不乏痴情人，而人走茶凉后能释怀的人，却寥若晨星。这一炉关于粉卿的沉香屑，无论何时被稼轩点起，熏染的尽是欲说还休的惆怅。这惆怅好似润如酥的小雨，落下时无际无形，远远看来，方觉满目青青。

有的人，不过是生命中的过客；而有的人，注定是要用余生去惦念、去怀想。

十分佳处，白发归耕

人与一个地方的缘分，总是奇妙得莫名。本来只是受伤后躲避伤害，寻觅救赎的场所，竟也在来来去去中，歪打正着成了所谓的归宿。带湖于稼轩便是如此，又一次被罢黜免职，便又一次选择回归它的怀抱。

这一回，他决意把功名与梦想藏匿到连自己也不会轻易想起的角落，如此这般生活，才会陡然轻松许多。浅水深潭、低谷山川任意闲游，快意笔墨、凝重心事纵情挥洒，生活不可谓不快活，就算偶然念起昨日的是与非，也不过斟一杯酒就一闪即过。

若不是庆元二年（1196年）那场大火，想必稼轩是要在此地终老的。一夜之间，带湖雪楼及其相毗邻的居所尽为灰烬，稼轩不得不携全家离开带湖，移往铅山县期思村的瓢泉。

一朵花因有了名字，便添了三分旖旎。如同一个地方因多了被人赏识的眼光,便多了几许灵气。瓢泉在常人眼中不过是一泓泉水,而稼轩在淳熙十二年(1185年)第一次访得它时,便深深地爱上。明代高濂曾对泉水有过这般评价标准:一曰清寒,一曰甘香。泉水多半清澈而少凉寒,多半甘甜而少幽香,瓢泉则"绕齿冰霜,满怀芳乳",清寒俱佳,甘香俱在,实属难得。两年之后,稼轩买下此地周遭大块土地,并如当初修葺带湖一般经营瓢泉。

只是,稼轩从未曾想到举家移居这里,是因带湖化为灰烬而成全。得到的都是用失去的换来的,人生的天平从不会失衡。好在瓢泉的一丘一壑,都与稼轩心灵相通,饮酒赋诗、闲云野鹤的村居生活,将他的伤痕小心翼翼地包裹起来。

一水西来,千丈晴虹,十里翠屏。喜草堂经岁,重来杜老;斜川好景,不负渊明。老鹤高飞,一枝投宿,长笑蜗牛戴屋行。平章了,待十分佳处,著个茅亭。

青山意气峥嵘,似为我归来妩媚生。解频教花鸟,前歌后舞;更催云水,暮送朝迎。酒圣诗豪,可能无势,我乃而今驾驭卿。清溪上,被山灵却笑:白发归耕。

——《沁园春·再到期思卜筑》

心静下来时,灵魂才会与身体慢慢重合,世人才能遇见真实的自己,眼前的景致也才能由眼入心,涤荡出澄碧明澈的色泽。

这也是伤痕累累的人每每要在自然中舔舐伤口的缘由。

寻得瓢泉这块宝地，稼轩的笔下便不自觉地多了些许得意。难道还有比瓢泉更适合栖息的地方吗？一条窅然深碧的溪水自西而来，又在绝壁处直泻而下，阳光点洒，溪水便镶上粼粼波光，好似挂在万里晴空上的千丈彩虹。群山苍翠，迤逦蜿蜒，又好似绵延数十里的绿色屏风。起句自是不凡，稼轩的如椽大笔只用了"一""千""十"三个轻巧却精致的数字，便在天地之间绘出了瓢泉的画卷。

淡妆浓抹总相宜，绝美之景与绝美之情都有这样的魔力。美景让人心醉，醉后难免有醉语。时隔几年，如今再来瓢泉，欢愉中自然想到了重归草堂的杜甫。草堂虽居所简陋，生活清贫，但却安静闲逸。历经颠沛流离后，他更懂得珍惜这份来之不易的安定。故而沉郁顿挫的杜老笔下也流泻出了"黄四娘家花满蹊，千朵万朵压枝低"的春暖花开之景。

于欣悦中，出现在稼轩脑海中的除却杜老的草堂，亦有陶渊明的斜川。在陶潜唯一一首山水诗《游斜川》的小序中，他曾这般夸耀斜川美景："临长流，望曾城，鲂鲤跃鳞于将夕，水鸥乘和以翻飞。……若夫曾城，傍无依接，独秀中皋。遥想灵山，有爱嘉名。"想来稼轩此前对陶潜是颇为艳羡的，而今身临瓢泉，艳羡也就渐渐转淡。此地的美丽可与斜川相媲美，只增不减，总算不会辜负热爱山水的陶潜了。

历经波折，跌倒几次，方才懂得贪恋不过是种负荷，放下反而得到的更多，杜、陶二人莫不如此。一根树枝便足以让老鹤安身栖息，故而它能展翅高飞，一身轻快。而那笨重的蜗牛爬行时尚不肯放弃寄身的壳，一生为其所累也成必然。稼轩已然决定在瓢泉定居，即如老鹤般寻觅一枝之栖，又何必学蜗牛载屋而行，为世俗所羁绊。

既然决意如此，稼轩也就如主人一般，考察此地的每一寸土地，"待十分佳处，着个茅亭"。

人生而即有驾驭的愿望，小至一件玩具，大到整个江山。没有人能阻挡风的去向，也没有人能遮蔽满天的阳光，更没有人能阻拦一颗行走在路上欲要驾驭一切的心。因有了驾驭的欲望，生命也就有了热情。这因驾驭成功或失败产生的喜或悲，都是生命的馈赠。

稼轩指点江山的梦想虽然成空，但瓢泉的一草一木、一山一水，都是新的驾驭使命。

在这片允许自由放飞的土地上，稼轩肆意指点着花草鸟禽、山水溪河。青山挺拔险峻，气势磅礴，勃勃生机，又因了稼轩的到来多了几分妩媚。不止于此，它还频频指派山花野鸟为主人前歌后舞。然而这远远不够，就连那天上的白云、脚边的溪水也都殷勤地"暮送朝迎"。

在这般前呼后拥中，稼轩的豪气也霎时被催发出来。平日中他以酒圣诗豪自比，虽然无从登上玉石铺阶的朝堂，也无甚权力，但如若把此地看作一个国家，稼轩便是高高在上的皇帝。东边是否建屋，西边是否植柳，南边是否凿池，北边是否种田，这都由他说了算。花开花落、云卷云舒，也合该服从他的命令。"酒圣诗豪，可能无势，我乃而今驾驭卿"，大有要成为山水风云、风光美景之主宰的豪气。

但等这番豪情如风般散去，心底缓缓升起的则是蚀骨的悲凉。年少时发誓要令中原完璧归赵，诗酒于他，不过是所谓的副业。如今以"酒圣诗豪"自命，能驾驭的也只是山水流云。在陶醉的心情渐渐醒转时，偏偏又听到溪边山神嘲笑他，不过是一介频频被罢官、不得已而回到山林中耕田的老叟。

山神的讥讽又何尝不是稼轩的心声。驾驭自然山水固然快意，可稼轩还是快乐不起来。像是日晷上的晷针，不停地移动自己的影子，一边在安逸的时光品茶作词游山赏水，一边看着时光流逝却只能发出壮志未酬的喟叹。在这段闲退的岁月中，这分别代表着归隐闲趣与出仕愿望的细线越靠越近，渐渐纠缠交织，扭成一股粗劲的绳索。最终连稼轩也分不清，哪儿是彼，哪儿是此。或许，它们本就无彼此，无论是归来或是离去，瓢泉都已成为他的心灵伴侣。

> 稼轩何心长贫，放泉檐外琼珠泻。乐天知命，古来谁会，行

藏用舍。人不堪忧,一瓢自乐,贤哉回也。料当年曾问:"饭蔬饮水,何为是、栖栖者?"

且对浮云山上,莫匆匆、去流山下。苍颜照影,故应零落,轻裘肥马。绕齿冰霜,满怀芳乳,先生饮罢。笑挂瓢风树,一鸣渠碎,问何如哑。

——《水龙吟·题瓢泉》

人生在世,难得乐知天命,满足也不是寻常之人具备的资质。颜回"一瓢自乐",众人不解,想必当年他也曾问过孔子,粗茶淡饭足矣,又何必恓惶地四处奔波呢?稼轩无从知晓孔子如何作答,但屋檐外的如琼珠般倾泻的泉水,渐渐将他覆盖尘埃的心灵渐渐涤荡干净。沉醉于瓢泉的一景一物,徜徉于松间竹径,独坐于停云亭,嬉戏于秋水堂中,他终于不再流浪。泉水像美玉佩环一般叮咚作响,又似明镜般清澈见底能鉴秋毫,且又入口冰寒,唇齿生香,深得稼轩喜爱。

每每朋友来访,得意至极的稼轩即以泉水代酒,因有了同饮的人,这份欢乐便好似浅墨渗入了水塘,陡然便氤氲而开。

他把落脚的地方,都算作故乡,瓢泉更是如此。或许日后拿到官场的入场券时,他还会挥一挥手便与此地告别,待他在外面累了、倦了时,它仍会如他初到时那般,青山添几分妩媚,花草鸟禽"前歌后舞",流云溪水"暮送朝迎"。

第六章 铁马冰河入梦来

高山流水，知音难觅

黎巴嫩诗人纪伯伦在《先知》中这样论述快乐与悲伤："悲伤在你心中切割得越深，你便能容纳越多的快乐。当你快乐时，洞察你的心吧，你将发现，只有那曾使你悲伤的，正给你快乐。当你悲伤时，再洞察你的心吧，你将明白，事实上你正为曾使你快乐的事物哭泣。"在瓢泉，稼轩的人生是陌上花开，可缓缓归，不忧虑、不焦急，游走于新居中的亭台楼阁，恨不得要在这舒适的日子中昏睡百年。然而，整日与山鸟花草为伴，也难免生出些许寂寞。洞察自己的心灵，他猛然发现那此前的快乐正渐渐变质为悲伤。正如他曾经因梦想起航，后又因梦想之船搁浅而停下来一样。

世人总是后知后觉地发现，韶光正以来不及计算的速度飞驰而过，手中的漏沙也在不经意间就失落了大半。单个人在永恒的时间面前，不过也是蜉蝣一样的存在，孤独难免如影随形。需要有人陪伴的渴望，在这荒凉冰寒的世间也就变得愈来愈强烈。但逢场作戏的朋友不难遇见，而寻觅心灵伴侣又岂是那么容易的事。雁过不留痕，一生之中，能有几人的脚步声抵得上千军万马、四海潮声，令山海断谷都动容，恰恰踏在你的心上？

往往是春末夏初，我们听到有人叩响门扉，而夏末秋初我们看见那人越过村落，不知去向。相遇、相识、相知，不过六个字，却常常是只有开始，而后便无疾而终。古来能将这六字只用一首琴曲化为传奇的，怕也只有俞伯牙和钟子期了。只是人们忘了，相知之后，合该相守方才渡得到人生之河的对岸。子期先于伯牙去世，伯牙言世间再无知己者，便摔琴破弦，不复再弹。

知音难遇，得后复失，这许是世间最残酷的事情之一。

追求梦想不得，闲居瓢泉不甘的稼轩更是有这般感受。每日陪伴他的不过是淙淙流水、潺潺小溪、粼粼波光、葱葱青山、袅袅雾霭、啁啾鸟鸣，美则美矣，到底听不懂他的言语。心间的风起云涌，与自然界的潮起潮落虽偶有同样的频率，终究不若两人脉搏共振令人欢喜。实在无聊时，也唯有铺开宣纸，为静止的亭台楼阁赋诗作词。这词，是遣兴之笔，却深深沁入了壮志未酬的感伤、知音不遇的哀愁。

邑中园亭，仆皆为赋此词。一日，独坐停云，水声山色竞来相娱。意溪山欲援例者,遂作数语,庶几仿佛渊明思亲友之意云。

甚矣吾衰矣。怅平生、交游零落,只今余几!白发空垂三千丈,一笑人间万事。问何物、能令公喜?我见青山多妩媚,料青山见我应如是。情与貌,略相似。

一尊搔首东窗里。想渊明《停云》诗就,此时风味。江左沉酣求名者,岂识浊醪妙理?回首叫、云飞风起。不恨古人吾不见,恨古人不见吾狂耳。知我者,二三子。

——《贺新郎》

从词中小序可知,稼轩自来到瓢泉,在新居旁又建了园、亭,且一一为其命名并题词,却独独落下了停云堂。其中缘由大抵有两个:一是此地并无突出之处,不值一提;二是此地太美,生怕这笔墨丹青绘不出它的秀丽与妩媚。于水声汨汨、青山葱翠的停云堂而言,想必后者成分居多。一日,稼轩坐于此地,独酌几杯浊酒后,生生被催生了千古才情空费、人生知己少有的悲戚。这感受来得浓,来得急,来得隆重,容不得稼轩喘息。既然现实中知音难求,也只有逆着时光的河流而上,去历史中寻觅与己相似的古人,以求灵魂的交融,思想的相通。

子曰:"甚矣,吾衰也!久矣,吾不复梦见周公。"因为世道不行,孔子许久不曾梦见周公。稼轩开篇即引用孔丘之言,却单单只说出了第一句便戛然而止，好似他在途中用尽全力奔跑，却在一个转角处被一堵围墙截住去路一般。回头看看这一生，有多少次攀登高峰，便有多少次被打压到谷底。金戈铁马的一生，终究只在梦想的土壤中存活，沧海原来是这般轻易就能变为桑田。

杯盏中的酒摇摇晃晃，此时越来越模糊的是意识，越来越清晰的则是郁郁不得志的悲伤。激昂的万里平戎策，如今只换得几首倾吐愤懑的词作，此种滋味怕是舌尖只沾一点便觉苦比莲心。况且一生之中，"交游零落，只今余几"！走在路上，与一些人相识，也与一些人告别，零零落落，走到最后，往往发现不离不弃的却是烛光下的影子。

此时稼轩已走过了五十九个春秋，谁也不能预料阎罗何时遣来鬼差，或许就是下一秒钟的事也说不定。人生不如意十之八九，到此时多半人会惜良辰、观美景，有安逸路途只需纵马而上，有欢乐之事但求洒脱去享，更有秉烛夜游以求尽兴者。但稼轩却放着舒适的大好时光不享，偏偏让知交零落的悲伤如烟雾般弥散整个天空。

"白发三千丈，缘愁似个长"，诗仙李白这般说。长达三千丈的白发，缘于愁绪之多、之重，而稼轩却用一"空"字，极言岁月蹉跎、半生沉浮的悲凉。知音难寻，识者不遇，三千丈白发也不过是空垂愁思，徒然无益。

然而，一事无成，言愁又有何用，自己能做的也只有对万事万物苍凉一笑罢了。这一笑，含着几多悲凉，又酿出几重心酸，就连沧海岁月中的陈年往事，也被硬生生地牵扯出。莲知莲心苦，他心里有多愁、多苦，只有他本人知晓。

人生之河奔腾不息，每一个岔路口都是新的抉择。看似主动，实则如风中的蒲公英一般，身不由己。江河都向往海洋，但不是每一滴水都能流到终点，一颗鹅卵石、一捧沙都可能改变它们的踪迹，而后便再与心之所向无缘。年少时祖父"登高望远，指画江山"的情景如同不褪色的图画一般，深深印在稼轩脑中，自此也就注定了一生之中"能令公喜"之事，唯有夺回敌人手中本属于南宋的半壁江山。

所谓愿望，就像是图纸上的铅笔画，这画作算来有两种结局。其一是在日益黯淡的时光中，用橡皮轻轻一擦，只剩下几笔似有若无的痕迹。其二便是顺遂心的意旨，皴擦点染、粗细线条、深浅颜色，一笔一笔勾勒，最终成为一幅向日葵。算来稼轩也曾笑过自己不是好的画师，终其一生也没能为梦想着色。

怪也只怪同行的人太少，相阻的人又太多，寂寥之中也唯有与青山相对。大概是稼轩在停云堂独酌浊醪时，与诗仙李白心意所通，便将其诗句频频摘来，或加一字，或减一字，以李白的诗意印证自己的心意。"我见青山多妩媚，料青山见我应如是"，当是取自李白"相看两不厌,只有敬亭山"。偌大世间,竟寻不到能懂自己的人,何其悲哀。稼轩与李白如出一辙,无奈中只好独自面对妩媚青山,以期获得些许心灵的慰藉。

与青山对饮,除却与李白心有灵犀外,稼轩也想到了陶渊明。既然此时金戈铁马的梦想已被橡皮擦去,何不如陶渊明一般过另一种惬意的生活?东篱采菊,南山种豆,门前植柳,如莲花般不染一丝尘埃。陶渊明在《停云》中写下"良朋悠邈,搔首延伫""有酒有酒,闲饮东窗"等诗句,稼轩大笔一挥便将其浓缩为"一尊搔首东窗里。想渊明《停云》诗就,此时风味",也浓缩了大半生的升落浮沉。

世间有如陶渊明一般不慕名利者,也不乏"江左沉酣求名者",醉生梦死的统治者、自命风流的官僚,不饮"浊醪",又岂知"妙理",只顾皓首穷兵,贪图个人利益。纵然无人敢将他们纸上的笔画擦去,但不懂色泽搭配,更不懂谋篇布局的他们,最终也会将人生的白纸搞成一团不知所云的墨黑。

或许梦想不一定要实现,它的使命不过是引领。白纸不一定比墨黑更难堪,至少它干净。回首看走过的路,纵然艰辛曲折,但终究问心无愧。秋云飘过,风乍起,在微醺中,稼轩陡然豁达了起来,犹如雨后荷花上滚动的晶莹露珠,在初晴的阳光下折射出斑斓光束。心胸开阔时,意境也随之打开,"不恨古人吾不见，恨古人不见吾狂耳"，此一句喊出时，便多了一份激荡和狂放，少了一份突兀。况周颐释其中之狂时有云："狂者，所谓一肚皮不合时宜，发见于外者。"狂得地覆天翻，狂得忘乎所以，狂得酣畅淋漓，却也狂得合情合理。

当然这狂中更多的是无奈。露珠晶莹，终会干涸。待它消失后，留在翠绿荷叶上的浅浅痕迹，才是雨水真正的心事。稼轩的狂放，始终带着无法遁形的伤痕，这疾风骤雨式的呐喊，终究以"知我者，二三子"落下帷幕。人生路途快到终点时，总能在不经意间看清往常不曾明白的事情，人心之间本就是海角天涯的隔阂，就算有两三个知心人，也会在某个岔路口，丢失彼此。

知音少，弦断有谁听？于世间踽踽独行，终究是冷暖自知，这本仓促的人生之书，由不得人们不注释得厚重而感伤。

回头万里，故人长绝

　　无处告别却时时告别，好似相遇的短暂只为了衬得离散的恒久。告别是人生的状态，有人声的地方，难免有离散。或是为了成全流浪，或是为了追寻梦想，也或许是向往冒险，只需一个挥手的姿势，便将此前相遇的不易一笔勾销。而后天远路遥，寂寞的人生旅程，又要一个人走。

　　冥冥之中，前方总是有呼声远远传来，隐隐约约告诉行者，在每一个峰回路转的地方，定有令人目眩神迷不得不惊呼起来的美景。这般深情的呼唤，指引着走在路上的人，走向就在面前却一时无法看到的世界。于是，此刻停留的地方，只是中转的驿站，人与人之间相遇的缘分，总不如人与路的下一站来得深厚。

　　就这般，告别即成为人生惯有的姿态，千百年来都是如此。然而，翻开诗卷，看看几乎占着半数的告别诗词便了然于心，人们时时告别,却始终学不会如何在离散面前淡然自处,镇定自若。

> 绿树听鹈鴂,更那堪、鹧鸪声住,杜鹃声切。啼到春归无寻处,苦恨芳菲都歇。算未抵、人间离别。马上琵琶关塞黑,更长门翠辇辞金阙。看燕燕,送归妾。
>
> 将军百战身名裂。向河梁、回头万里,故人长绝。易水萧萧西风冷,满座衣冠似雪。正壮士、悲歌未彻。啼鸟还知如许恨,料不啼清泪长啼血。谁共我,醉明月?
>
> ——《贺新郎·别茂嘉十二弟》

这一次他送别的是茂嘉十二弟,茂嘉虽在历史中事迹不详,但也必是如稼轩一般勉力抗金的气节之士,若非如此,稼轩又怎会在其调任远赴中,不惜笔墨以铺排典故的长调送别。情到深处,悲到极处,恨不能将史上所有的送别场景都嵌进词中。

那一日在瓢泉设宴,本想把酒言欢,好好道一声"珍重",无奈离别在即,却是食不知味,甚至不敢说一句话,生怕张口便是一声叹息。更让人恼的是,鹈鴂、鹧鸪、杜鹃悲切的啼声此起彼伏,声声搅得人心更为恓惶。族弟远离,繁花落尽,芳草不觅,春日也便开至荼蘼。然而,伤春虽甚,却"算未抵、人间离别"。看看古来那些"别恨"的事例,便知晓世间能让人黯然销魂的,唯离别而已矣。

第六章 铁马冰河入梦来

"马上琵琶关塞黑,更长门翠辇辞金阙",稼轩欲要以昭君离开汉宫、阿娇幽闭长门宫这撕心裂肺的痛,掩盖自己别茂嘉之弟的苦楚,可惜却是欲盖弥彰。倾诉力不从心时,又慌忙列举其他事迹藏匿自己的彷徨。

长亭更短亭,女子送别时,眼泪落在脸上,而男子的眼泪淌在心里。"将军百战身名裂。向河梁、回头万里,故人长绝",李陵抗击匈奴失利,身受重伤而投降,而其友人苏武出使匈奴,被扣留十九年,守节不屈。贝加尔湖的风,无休止地吹,吹红了苏武的眼睛,吹白了苏武的头发,本以为归期无望,却绝地逢生,守得云开见月明。李陵送别苏武时,曾写下"异域之人,一别长绝"之语,是不舍,是祝福,是艳羡,但更多的是跌宕起伏、排山倒海的悲恸。

战国时荆轲受燕太子丹之托入秦行刺秦王,临行前送行者皆穿戴白衣白冠,到了易水江边,秋风乍起,江水翻涌,高渐离击筑,荆轲便和着筑声唱起:"风萧萧兮易水寒,壮士一去兮不复还!"乐调一变凄厉为悲壮,送行之人亦由涕泪交加转为热血沸腾,荆轲毅然乘船而去。这壮士的悲歌,何其振奋人心,又何其惨烈。至此,稼轩的悲痛已攀至顶峰。

昭君别汉宫,阿娇被幽闭,庄姜别戴妫,李陵别苏武,荆轲别燕丹,从美人宫怨至壮士诀别,稼轩一一历数;马上琵琶、翠辇金阙、燕燕送妾、河梁万里、易水萧萧、衣冠似雪，这当中的离愁别恨，稼轩极力渲染；将军百战、故人长绝、壮士悲歌，慷慨激昂中，稼轩如杜鹃一般，不啼清泪反倒啼血。

与茂嘉分袂之痛，何逊古人离散之苦。当初满怀热情来至南方，本是要有一番作为，不料仕途蹭蹬，空负流年，不仅梦想在浅水滩被搁浅，就连回到故乡也成痴念。这寂寞的路途上，曾有陈亮等人陪伴，却也在某个岔路口各奔前途。如今与他共醉明月的族弟茂嘉，也要远离，又怎能不令人伤怀。

"谁共我，醉明月"，词至此处戛然而止，这意味深长的留白却是无声胜有声。作得一首好词，自然少不了布局谋篇的技巧、遣词造句的功力。这篇蘸着蚀骨的痛楚写出的《贺新郎》，上阕集女子离别之怨典，下阕则皆用男子之悲典，好似鲜红的心陡然被抛弃在蒺藜之中，"沉郁顿挫、姿态绝世，换头处起势崚嶒"，焉得不真，焉能不震彻心魂？

每次选择，都是舍弃；每个起点，都是终点；每次告别，都是开始。茂嘉跨上马背，甩起长鞭，匹马迢迢地上路了，而留下来的稼轩，却只能站在风中，看着他渐行渐远，而后消失在傍晚的夕阳中。

此时站在生命的尾端，看透世事的他预见，终有一天，他也会这般看着中原梦想，彻底从他眼中、心底匿迹，像一团雾霭渐渐消散在黄昏中一样。

此生回首，暮年悲歌

人至暮年，好奇与憧憬渐渐变得稀薄，回忆反而日益沉重。此时多半人都已抖落了来路上沾惹的游丝尘屑，渐渐归于清醒的迟钝，似乎能够洞察一切，却不再跃跃欲试地炫耀智慧，由激越到安详，由绚烂到平淡，一切色彩喧哗终会消隐。一方种植着梦想的心田，也会归于老迈时的一片荒芜，其间无论得到或失去，最终都变得淡然。

而对于稼轩来说，似乎并非这般。蓦然回首，他发现在青春包裹下隐隐跳动的梦想，依然炙热暖心。这梦想好似一场烟花，每个人都想要看这一场绚烂到极致的烟火，想要看它如何将黑暗的夜空点亮。而烟花在绚烂之后终会归于岑寂与黯淡，就像梦想熄灭一般。此时，人们便不再想要看烟花，但它刹那间的光亮将贯穿一生。

梦想的实现过程，归根结底，都是人生路途中的自我认识、自我寻觅、自我升华，它本质上与自身紧密相连，但它也依附于所属的时代，就好似烟花的绽放与消逝，都需要一片夜空。

稼轩一生中，只看过一次烟花，纵然他所倚靠的南宋，在以后的时光中一次又一次地发布烟花禁放令，但每次抬头仰望苍穹，想起那颜色不一样的烟花时，他的夜空都是铿亮无比。

壮岁旌旗拥万夫，锦襜突骑渡江初。燕兵夜娖银胡䩮，汉箭朝飞金仆姑。

追往事，叹今吾，春风不染白髭须。却将万字平戎策，换得东家种树书！

——《鹧鸪天·有客慨然谈功名，因追念少年时事，戏作》

回首往事，当年的悸动还留在心中。那一年他如雄鹰、如鸿鹄的光景，依然如水彩画一般，鲜活如初，从未褪色。

那一年，他二十二岁，早已褪去年少的青涩。彼时金主完颜亮率兵大举南下，其后方空虚，北方被占区的黎民百姓趁机纷纷起义。稼轩背负祖父辛赞的期望，亦组织了一支人数达两千左右的起义队伍，他放下士大夫的傲慢身段，毅然决然地加入耿京领导的声势浩大的起义军。两军会合，好似涓涓的小溪变为奔涌的江河，流入大海也就不是太过艰难的事情。

战场上，大风凛冽，旌旗翻飞，风尘万丈，意气风发的稼轩统率千军万马，挥戈操戟，以迅雷不及掩耳之势突破金军的重重封锁，以泰安为基地，南取兖州，西取东平，北取济南和淄州，而后渡江南走，不容敌人有片刻的喘息。

潜力常常藏匿在血脉深处，如若不尝试，世人从不知晓自己到底有多大能量会喷涌而出。骑在马背上奋勇杀敌的稼轩，在生与死的较量面前，在敌人的刺刀利剑面前，在梦想实现与否的抉择面前，迸发出了令他自己也震惊的激情。

也是在那一刻，他知晓他生而即为战士。击退金兵，是梦想，更是使命。而南归，也就水到渠成。次年，稼轩奉表南归，宋高宗于建康召见他，并授承务郎。每一个转弯都是一次转折，或是柳暗花明的惊喜，或是一堵围墙的无望，但这从来都不是结局。当稼轩完成使命回到海州，历史又给了他创造奇迹的机会。听闻耿京为叛徒张安国所杀，义军已然溃散后，稼轩便招募五十骑，直奔张安国驻地，这一去即是一段传奇。"壮声英概，懦士为之兴起，圣天子一见三叹息"，他如探囊取物一般将张安国活捉，并带回临安交给南宋朝廷明正国法。一路上束马衔枚，历尽艰险，不分昼夜，抵达宋金两国交界淮水之地方才停歇，就连天子听闻后也喟叹不已。

"壮岁旌旗拥万夫，锦襜突骑渡江初。燕兵夜娖银胡䩮，汉箭朝飞金仆姑"，"拥""渡""娖""飞"，双方鏖战的场面如千层浪般，一波未平，一波又起，不容分说，便迎面涌来。锦色的襜褕、银色的胡觫、金色的仆姑，有灵动之光，亦有律动之美，在声色交合、动静相融中，稼轩的凌然豪气令人如屏呼吸。

提起慷慨激昂的征战情景，李贺的《雁门太守行》是如何也绕不过去的。

> 黑云压城城欲摧，甲光向日金鳞开。
> 角声满天秋色里，塞上燕脂凝夜紫。
> 半卷红旗临易水，霜重鼓寒声不起。
> 报君黄金台上意，提携玉龙为君死。

鬼才李贺在这首诗中，竭尽其能制造奇诡氛围，而这种奇诡与稼轩之词一般，是靠浓艳色彩来支撑。首联用黑色与金色，刻画战事紧张与将士豪情；在描绘战斗的惨烈时，又用胭脂色与紫色突出效果；最后表明将士决心时，则用玉色突出其苍凉之感。无论是哪一种颜色，用于一篇描写悲壮战斗的诗中都似乎显得过于鲜亮，但李贺却用斑斓的色彩恰如其分地勾勒出了战场上的风云变幻，瑰丽与苍凉俱在。

色彩的运用与稼轩之词有异曲同工之妙，唯独不同的是，李贺是在叙述现实，稼轩是在追溯往事。

所谓往事，便是虽然仍存活于记忆中，但已被时光裹挟而去,永不再回来。稼轩以为这才刚刚开始,却看不透结局已埋好了伏线,更无从预料这是第一次,也是最后一次与梦想如此接近。梦想丰腴,现实寒瘦。繁华褪尽,一切不过是虚无缥缈的烟云,一吹便散。

"追往事,叹今吾",这一"追"一"叹"中,包含了太多的挫折与沧桑。纵然当初红遍了大江南北,却再没有受到机遇的垂青。南归以后,他便被放逐,放逐在时代的边缘,放逐在梦想之外,放逐在带湖与瓢泉之中,更放逐在自我折磨的寂寞里。这或许就是他的宿命。曾经的青葱少年,如今已是白发苍苍,他能做的便也只有无奈地摇摇头,再叹息一声。

张爱玲曾说,出名要趁早。这无非是在激励有志者早日建立功业,这并没有什么不好,但对有些人而言,就好像一棵树还没长大就已经开花结果,把底肥都用尽了,而作为骨架的枝干却羸弱不堪,将来支撑不起一树繁花。稼轩的梦想便是开得太早、谢得太快,终以"却将万字平戎策,换得东家种树书"落下帷幕。

《美芹十论》《九议》,洋洋洒洒数万字,稼轩完成之初,定是兴奋至极,想起失地从此可收复,南宋可无忧,几个昼夜不眠不休的辛劳也顿时消散,如阳光遍洒、雾霾被驱逐一般。然而这终究是他的一厢情愿,呕心沥血完成的制敌良策,不过如一块顽石掉入水底,只留下一记沉闷的响声、几朵跳跃的水花,便再无声息。

人生不过百年,在短短几十年中,历经失败、打压、挫折、寂寞、痛楚之后，稼轩终于决意要学陶渊明，不再为国事而忧，在田园中恣意而生，锄草、理田、植柳、采菊、饮酒、拥日月、吹丝竹，岂不乐哉！但世上只有一个陶渊明，也只有一个桃花源，生在乱世、以梦为马的稼轩，终究用一个"却"字，将他所有的不舍与愤懑通通出卖。

被字句出卖后，他又掩饰说，这首词不过是戏作，带着玩世不恭的戏谑成分。然而人生如戏，戏似人生，戏里戏外，他演的都是悲情角色。陆游曾说"报国欲死无战场"，看看稼轩的这一生，又何尝不是这样呢？这一曲英雄的暮年悲歌，奏完了仍觉余音绕梁，不绝于心。

暮年之时仍敢于回忆少年壮事，也是一种勇气，纵然词吟毕时，以悲剧收尾，但穿插其中的豪情却如何也掩饰不住。虽已是垂暮之年，但他从未失却壮志，少年时他聚众起义、领军南归、活捉张安国，着实在皇帝面前红了一把，而今在两鬓斑白之际，他仍然将战场视为心灵栖息的地方。恰恰此时，时代又给了他一丝希望。

作这首词时，此前人心惶惶的政治局势稍稍缓和，靠赵宋皇室之间的裙带关系发家的韩侂胄也开始改变行事作风。当年，他拥立皇子赵扩为宋宁宗后，便一手遮天，把持朝政，视宋宁宗为傀儡。任何一个稍有骨气的男人都不会甘心情愿做别人爬升的工具，何况还是九五之尊，但没有能力便没有底气，这皇位是旁人给予的，哪里来的发言权。

然而天子不敢言，并不意味着群臣之口亦就此紧紧闭上。朝中慢慢散播出韩侂胄"无君之心"的言论，且时人有劝他立盖世功名以自固者。所谓盖世功名，无非是击退金兵，恢复中原，况且当时正值金虏浸微，涣散无纪。于是，在内外夹击、患得患失的情势中，韩侂胄也生了建立功业的念头。故而在嘉泰二年（1202年）后，朝廷放松了对道学的禁令，并且决意起用稼轩、陆游等一批爱国志士。

这一百八十度的大转弯，于朝中上下，于主战派而言，无疑似冰山解冻，春意萌生。他别有用心，这毋庸置疑，但这自私恰与民族利益趋于一致，这便值得庆贺。

稼轩面对这曾经的敌人递过来的橄榄枝，也有过片刻的犹疑。虽然韩侂胄团结各层人士共论恢复有利于家国，但毕竟他已声名狼藉，与其合作自然难免辱及余生。思量许久，稼轩心中的天平还是向出山一方倾斜了，梦想虽不再滚烫但尚有余温，每一次机会他都不愿错过。况且此时他已年过六旬，恐怕这是他最后的机遇了。

回忆中的金戈铁马，他还是放不下。故而嘉定三年（1203年），当朝廷的一纸任命书飘至他家门口时，他又心怀梦想，再一次上路了。纵然不知道在这条路上，他还能走多远。或许到头来，他还是失望而归，但如若此刻不前行，稼轩又何以为稼轩。

烈士暮年，壮心不已

嘉定四年（1203年）正月，稼轩抵达临安，即刻便被宋宁宗召见。当然，天子的背后是别有心计的韩侂胄。站在朝堂之上，滔滔论政是稼轩梦寐以求的，当他说出"夷狄必乱必亡，愿付之元老大臣，务为仓促可以应变之计"之言时，亦深得韩侂胄之心，但稼轩未能明言的事，韩侂胄也并不知晓，理解的偏差或许便是一只蠹虫，慢慢将整座城堡一点点挖空、腐蚀。

"夷狄必乱必亡"，稼轩是说金国此时内外交困，分崩离析，灭亡是迟早的事。他的信心来自对金国形势的准确判断，而韩侂胄却盲目乐观，认为只要用兵即可取胜。

"愿付之元老大臣"，稼轩口中的"元老大臣"，必然是指德高望重的旧臣、老臣以及宰相，在野的周必大、杨万里、陆游等人，以及在朝的自己，都该包括在内，这自然有了主动请缨的意味。而韩侂胄却大颜不惭地将自己也列入元老行列。

"务为仓促可以应变之计"，稼轩之意强调准备的重要性，等待时机成熟后迅速出击，且要根据当前局势"应变"。而一心欲要稳固地位的韩侂胄却偏偏认为此时时机已然成熟，急不可耐地想要主动征伐。

蠹虫在噬咬城堡之初，人们是无从感知的，但日复一日的光景，总会让它露出蛛丝马迹。两人的分歧也是这般。在讨论用兵之计、共谋国策的过程中，韩侂胄渐渐发现稼轩并非想象中那般顺从。而他向来喜欢唯命是从的臣子，况且攻打金国不过是个笼络人心的幌子，稼轩却将这件事做得如此认真，让韩侂胄不由得心中生出诸多芥蒂。同年三月，他便又以一纸诏书，将稼轩由临安派往镇江。

相比于临安，镇江更能激发稼轩的豪情壮志。此地三国时谓之京城，又称京口，素有"酒可饮，兵可用"的说法，不仅地理位置重要，且又距宋金双方边界极近，这对以"将种"自命、一心想要上战场的稼轩而言，实在是喜从天降。故而，一上任，他便进行招兵买马、搜集情报、制订行军规划等备战工作。

烈士暮年，壮心不已，曹操说出的豪言，用在稼轩身上，丝毫不为过。

何处望神州？满眼风光北固楼。千古兴亡多少事，悠悠，不尽长江滚滚流。

年少万兜鍪，坐断东南战未休。天下英雄谁敌手？曹刘。生子当如孙仲谋。

——《南乡子·登京口北固亭有怀》

此时，稼轩已过花甲。花甲也被称为耳顺之年，仅从字面来理解，不论甜言蜜语或是刺耳言论，听来也无太大区别，存着善意的逆耳忠告也好，恶劣而粗野的詈骂也罢，都不会再令人为之变色。此时的稼轩面对潮起潮落，比原来平静了许多。唯独让他不能镇定的是，那从灵魂深处抖搂出来的功名梦想。

登高情怀是古代文人共有的。南北朝时期的文人刘勰说："原夫登高之旨，盖睹物兴情，情以物兴。"明代人谢榛在《诗家直说》里也说到过这种现象："凡登高致思，则神交古人，穷乎遐迩，系乎忧乐，此相因偶然，着形绝迹，振响于无声也。"伤春、悲秋、盼归、望乡、念国、怀古……他们因为各种各样的情结踏上那一片高地，然后把汹涌的才思化作锦绣诗篇，在历史中留下一个个或黯然神伤或悲壮高大的背影，给后人凭吊。

稼轩一再登上高楼，无非是给无处宣泄的情愫寻一个出口，这一次他登上的是北固楼。现代学者杨威曾有《北固楼赋》极言其旖旎风光："钟阜触目，尽虎踞龙蟠之势；钱湖玄览，呈淡妆浓抹之奇。蛟腾骏迈，大江千里以奔来；沃日滔天，巨海万顷而激远。巫岫隐现，睹朝暮之云雨；仙峤依微，睇鸿溟之蓬瀛。三吴八十一州之城郭，雾列眼底；五湖七十二峰之林树，烟迷目下。"

但稼轩对这辽阔与婉媚兼具的风光视而不见，直言问道："何处望神州？"问得情真意切又黯然凄凉。此时南宋与金朝以淮河为界，各自为政，稼轩站于长江之滨的北固楼上，翘首遥望中原之地，不免有风景不殊、江山易主之感。这一问，问出几多心酸、几重泪水。他一直致力于将国家的碎片重新黏合一体，无奈弄得双手尽是鲜血，也未能遂愿。

面对不尽长江，稼轩的思绪渐渐扩大至千秋百代。古往今来，曾有多少兴亡大事？无限江山如画，云卷浪涌有气吞万里的势头，但顷刻间就易主他人。昨日还属于一个国家的连绵沃土，转眼就被另一个君王踩在了脚下。当一切都成往事，斜阳映着暮草，黄昏掩盖了枯败，逝去的光阴，还有逝去光阴里的故事，都无须强求挽留，只有那悠悠不尽的长江水，日夜向东流。

漫游在历史的洪荒中，稼轩把视野投放在了"千古风流人物"孙权身上。他临危受命，少年当政，统领数万大军，独霸东南，连年抗击敌人进攻，从未屈服，终使吴国鼎立天下，"坐断东南"，在曹、刘这样的英雄面前，也丝毫不逊色。难怪曹操会说："生子当如孙仲谋。"

稼轩的激昂文字，总是用胆识与谋略来支撑，即便撤去他的满腹才华，他那"到死心如铁"的执念亦会指点着笔墨，力透纸背，挥洒出比刀戟坚硬，也比蒲苇柔韧的词章。肚中的墨水多过戏曲中的白面书生，或许在这一条文人路上，他会走得遂心遂意。但凭着超脱于一般兵将勇士的武艺，在人生重要的岔路口，他舍弃一马平川的阳关大道，踏上了可能会一无所获的崎岖小径。稼轩以六十岁之躯，赞誉孙权，又何尝不是在激励自己坐镇京口，要如少年时那般慷慨激昂。颠沛流离几十载，功名仍是心头事。

悠悠万世功，矻矻当年苦。鱼自入深渊，人自居平土。

红日又西沉，白浪长东去。不是望金山，我自思量禹。

——《生查子·题京口郡治尘表亭》

通过盛赞古人万世功业以抒己怀，是稼轩惯用的安慰自己的方式。这一次，他想到的是大禹。大禹"伤先人父鲧功之不成受诛，乃带身焦思，居外十三年，过家门不敢入"，历尽艰辛创下万世功业，令蛟龙入海，人居平土，万物各得其所，相互依赖，而并非相互伤害。稼轩为官一任，何尝不愿造福百姓，有所作为。

"红日又西沉，白浪长东去"，红日西沉、流水东去，苍凉至此，难免令人悲伤，其后明人杨慎以此句为蓝本，写下"滚滚长江东逝水,浪花淘尽英雄,是非成败转头空。青山依旧在,几度夕阳红"名句。然而,江山代有才人出,后浪总会推前浪,又何必悲伤。稼轩虽已走到人生的黄昏,但夕阳尚好,又何必惆怅。登临高处,远望金山,实则是缅怀大禹。

缅怀,最为伤怀。因现实中无从得到,故而心心念念要于历史中寻求寄托。南宋王朝偏安一隅,又有几人想过力挽狂澜,重整山河?"山外青山楼外楼,西湖歌舞几时休",不过是得过且过罢了,只有如稼轩一般醒着的人,无路可走,向前入不了庙堂,向后到不了江湖。纵然一只脚踏入了殿堂的门槛,另一只脚仍要没有着落地流浪。

然而在前进不能、后退不甘之时,稼轩还是以国为重,以梦想为旗帜,想像大禹一样令黎民安居乐业,天下太平富庶。但他从不打没有把握的仗,故而,早在一年之前,赴任临安之初,便派出间谍侦察金国情势。等间谍走遍金国首都燕京,到达山东及河北后,再返回时,便将一方写满敌人步兵骑兵数目、驻扎地点、将帅姓名的锦帕交给稼轩。

所谓知彼知己,百战不殆,既然已掌握敌情,便没有理由再等待。于是,稼轩到镇江后,即刻部署组建新军。但其结果如何,史书中却找不到只言片语,这不免教人费思量。然而仔细咂摸便可知晓,稼轩建军与当权者韩侂胄等人的主张大相径庭,势必会受到接踵而来的压力,被迫中止此项工作也就不难理解。

每一次如朝阳般欲要放出万丈光芒，却偏偏来了一朵乌云，不偏不倚地覆盖其上，遮住了所有的光彩，衍生出千万声叹息，一身的英雄豪气却只得换作半生凄凉。

有人说，人不应该是插在花瓶里供人观赏的静物，而是蔓延在草原上随风起舞的韵律。生命不是安排，而是追求，人生的意义也许永远没有答案，但也要尽情享受这种没有答案的人生。稼轩做到了，即使前方是万丈深渊，他还是义无反顾地向前迈了一步。这种与生命相违的冒险，正是征服梦想的欲望。然而贪生怕死的人从不敢陪他下赌注，漫漫长途，终究只有他一个人在路上。可惜的是，他生命的沙漏，已经开始倒计时。

历史云烟，万事消散

一个人认为是千斤重的东西，在另一个人眼中许是轻于鸿毛。当稼轩将记录着敌方军情的锦帕交给韩侂胄时，并未引起他的重视，就如"万字平戎策"在宋帝眼中只是一张废纸一样。看来，这世间的事情，并无轻重之分，只是所在的立场不同罢了。稼轩以梦想为重，自然将家国利益放在首位；韩侂胄以权柄为重，故而他以自我为中心，向四周辐射也不难理解。

只是，在两人的分歧越来越明显之时，必然有一个人要被打压，最终掌兵握权的韩侂胄索性让稼轩这颗眼中钉在镇江自生自灭，空有一顶乌纱帽，却不许他任何实权。韩侂胄撇开稼轩的真知灼见后，一意孤行，自认为唾手可得的万世功名分分秒秒在向自己靠近，好似眼前忽然蒙了一层雾霭，分辨不清那影影绰绰模糊一团的东西，到底是鲜花还是炮弹。因心中盲目的乐观，以及身边那些已经摸清他喜好的佞臣的逸言，自开禧元年（1205年）正月起，他便派出小股兵力，进攻金朝管辖的唐、邓、巩各州，向敌人挑衅，张扬用兵之声势，以为谁有主动权谁便离胜利近一点儿。

可这偏偏引起了敌人的戒备，不谙用兵之道的韩侂胄实把本已羸弱的南宋又向泥潭推近了一步，这不得不引起稼轩的忧虑。

千古江山，英雄无觅，孙仲谋处。舞榭歌台，风流总被，雨打风吹去。斜阳草树，寻常巷陌，人道寄奴曾住。想当年、金戈铁马，气吞万里如虎。

元嘉草草，封狼居胥，赢得仓皇北顾。四十三年，望中犹记，烽火扬州路。可堪回首，佛狸祠下，一片神鸦社鼓。凭谁问：廉颇老矣，尚能饭否？

——《永遇乐·京口北固亭怀古》

这首词历来饱受好评，明代杨慎有云："辛词当以京口北固亭怀古《永遇乐》为第一。"清人陈廷焯也说它："句句有金石声音。"但无论后人评点如何，这都是稼轩从心底发出的呐喊声。一生恋慕战场，南归以后却只得当一个修补匠，敲敲打打，与鸿鹄之志相去甚远。他也曾一次次上书论证还我河山的梦想，却也一回回亲眼见证了梦想的破灭。壮志难酬的悲凉、对时局的忧虑，一点点浸到词中。

所谓站得高，看得远，每一次登高都有新的情愫在胸口灼烧，即便是登临同一座山，因了心境不同，也会衍生不同的情感。前一次登上北固亭时，稼轩心中的烛火还未熄灭，梦想依旧可期。而今再次登临，韩侂胄独揽朝政、轻敌冒进的现状好似一阵强劲的西风，将燃着的烛火瞬间吹灭。

面对眼前这千古如斯、万年不变的江山，稼轩心潮澎湃，不禁想起了曾在这片热土中建立功业的两位英雄人物。其一为孙仲谋，即三国时期吴国帝王孙权。他以江东区区之地，不仅抵御了北方的曹魏，更凭一腔豪情开疆扩土，最终形成三国鼎立之势。其二为南朝宋武帝。"寄奴"为宋武帝刘裕小字，他曾于势单力薄的情况下不断壮大队伍，并以京口为基地，集兵讨伐桓玄，最终平定叛乱，取代了东晋政权。

但纵然"想当年、金戈铁马，气吞万里如虎"又如何，不过是斗转星移，沧桑屡变，歌台舞榭，遗迹湮灭罢了。在风雨的洗礼中，一切都杳然无闻，从来不存在永恒。虽说如此，流星终究还是点亮过夜空，孙权与刘裕写下浓墨重彩的一笔，也曾给时代添了一抹亮色。存在过，即是一种成就，总也好过南宋统治者的苟且偷安与怯懦。

写词之功力，尽体现在过片上，因它是承上启下之句，连接着上文，且又要在下文中荡开一层。如若过片写得精绝，整首词之境界便似拨开云雾，重见天日。这首词以"元嘉草草，封狼居胥，赢得仓皇北顾"为过片，上阕借古意抒今情的轩豁呈露，便通过过片这座桥，转为下阕的幽深味隐、沉郁顿挫。

元嘉元年（424年），刘裕之子刘义隆好大喜功，在未做足准备的情况下便草草北伐中原，还曾想封禅祭天于狼居胥，以此纪念自己的事迹。只可惜，非但未能收到预期的胜利，反而落得个惊慌败北、狼狈逃窜的下场。当今的韩侂胄与刘义隆又有何区别呢？

峰回路转，稼轩又将笔锋转向更深处。最是难忘少年事，虽然那沸腾的战斗岁月，在时光的隧道中愈来愈模糊，但稼轩总是用丰腴的想象以及恢宏的笔触，为这渐渐暗下去的时光上色。四十三年之前，他聚众起义，节节突破敌军防线，而后率众南归，似雄鹰找到了翱翔的天空。再加上彼时宋孝宗刚刚即位，不似宋高宗怯懦羸弱，颇有恢复之志，形势一片大好。无奈符离之战好似鹅卵石被投入了平静池塘，又像艳阳天里雷公突然打了个喷嚏，北伐事业再次受阻。遥想青葱岁月的硝烟战火，不禁感慨：奔腾年代已逝，唯余功业成空的不惑。

稼轩的鸿鹄之愿就如此搁浅下来，这一搁浅，便是四十多年。曾经烽火弥漫的扬州一带，如今是一片安静祥和的景象。神鸦鸣噪、社鼓喧闹，全然没有抗敌复国的气氛，这又怎能不让他悲愤。

他并非对韩侂胄的北伐举措不支持，只是准备尚未做足，便贸然行动，是他坚决反对的。况且韩侂胄表面上恢复元老重臣的职位，却起而不用，稼轩只得发出"凭谁问：廉颇老矣，尚能饭否"的感慨。这声喟叹，大有老当益壮、不堕青云之志的豪爽，恰似当年"一饭斗米，肉十斤，披甲上马"的廉颇。但一个人的力量，怎么能撬起整个时代？扭转乾坤的心志，又何能没有国家的支撑？孤独的事业，总是这般举步维艰。

开禧二年（1206年），宋宁宗下发北伐诏书云："天道好还，中国有必伸之理；人心效顺，匹夫无不报之仇。"沉寂了四十多年的南宋，如一头猛兽般，向敌人发出了怒吼。然而，寻遍整个战场，也未能发现"气吞万里如虎"的稼轩身影。

韩侂胄可以给稼轩戴上乌纱帽，也可以随时将其摘掉，当他认为稼轩这骨灰级主战派老将的品牌已没有任何价值时，便以"好色、贪财、淫行、聚敛"之罪将其弹劾。当烽烟在淮河沿线燃起之时，稼轩只能在千里之外，在瓢泉边上，在后方当一个战争舞台之外的观众。无论谁胜谁败，都与他没有分毫关系。

在从镇江返回瓢泉途中，路经江西余干时，他再一次用笔记录了苍凉的心境。

江头日日打头风，憔悴归来邴曼容。郑贾正应求死鼠，叶公岂是好真龙。

敦居无事陪犀首，未办求封遇万松。却笑千年曹孟德，梦中相对也龙钟。

——《瑞鹧鸪·乙丑奉祠归，舟次余干赋》

一开始，稼轩就知他不过是韩侂胄的一颗棋子，一个装点抗金门面的招牌，如此便注定了稼轩的这次出山终究要以罢官为结局，恢复大业也只是一个终生不可实现的梦。梦醒了，他还是要蜷进瓢泉的怀抱。

"郑贾正应求死鼠，叶公岂是好真龙"，一语戳中韩侂胄的死穴。其中包含两则故事，其一为：春秋之时，周人称死老鼠为朴，郑国的璞却是玉。一日，周人拿着一只死老鼠来到郑国商人面前，问其是否要买"朴"，而郑人误以为是"璞"，便连声要买，却被对方拿出的死鼠吓昏了头，此被称为"喧于名而不知其实"。另一则故事讲的是叶公。其人对龙极为喜好，衣服上以及家中装饰上，皆画有龙的图案，然而当真龙来到他家中时，他却瞬间吓得魂飞魄散。

韩侂胄又何尝不是这般，将奸佞之臣视为心腹，对稼轩这样的人才却避而远之。挑灯看剑只得在醉里，吹角连营唯有在梦中，稼轩的词果真是现实的缩影。这一次，稼轩彻底死心了。

面对第三次罢免，他没有了前两次的愤疾不平与凄凉悲慨，有的只是对时局、对千秋社稷的忧愁与焦虑。果不其然，开战仅仅一个月,中路和东路进攻的宋军便溃败而逃,西路四川的宣抚副使又叛国投降,一时间南宋内忧外患,韩侂胄焦头烂额。

正无计可施时,他又想起了远在铅山的稼轩。而稼轩此时已在一次次失望中转为绝望,再不愿蹚这滩浑水。及至十一月,金兵所到之处,势不可当,前锋抵达长江北岸,江南大震。韩侂胄再一次下旨命稼轩出山。

许是看到国家形势确实危急,许是为了圆最后的梦,稼轩拖着老躯再一次踏上了熟悉的路途。他于开禧三年(1207年)初春接受宋宁宗的召见,并被授予兵部侍郎的职位。而早已看透官场是是非非的稼轩,坚决辞掉了这个职位。在屡经颠沛流离之余,他的身体已日渐衰弱。

回到铅山,心态前所未有地平静,稼轩淡然而清醒地认识到官宦生涯到此终结,梦想虽仍是一个逗号,也到了谢幕的时刻。生命就算此时走到终点,也没什么好遗憾的,毕竟,路上的酸甜苦辣,他都一一尝过。

结束,于此时的稼轩来说,或许是最好的选择。

瓢泉的生活如一滩秋水,澄明深澈。瓢泉以外的世界,却是水深火热,一波未平一波又起。炮火渐渐熄灭后,迎面而来的是宋金议和。若是割地赔款能达成和解,对奄奄一息的宋朝而言,也是天大的喜讯,偏偏金国却要以韩侂胄的脑袋为代价。这不得不让不自量力的韩侂胄气冲冲地又要向金国开战了。

这一次他是真的要重用稼轩了，命稼轩"急速赴行在奏事"，"急速"二字，泄露了韩侂胄的焦急，也道出了他的诚心。只是，这一切来得太晚了。

稼轩已在病榻上奄奄一息。故而，他只能辞掉任命，并上书请求退休。距离梦想最近的时刻，原来是与它擦肩而过。

金戈铁马的梦，依旧是海中那轮月亮，打捞了一生，也没能揽入怀中。他终究只是人世间的一个过客，匆匆而来，又匆匆而去。

幸而，这从未被打捞起的月亮，慢慢地将琥珀色的光一寸寸渗到海底，他的慷慨悲凉恰恰成全了他的不朽诗词。正如清人陈廷焯在《云韶集》中所云："词至稼轩，纵横博大，痛快淋漓，风雨分飞，鱼龙百变，真词坛飞将军也。"

病危的稼轩言："侂胄岂能用稼轩以立功名者乎？稼轩岂肯依侂胄以求富贵者乎？"这一次的拒绝之后，他听到梦想的大门缓缓关闭，而死亡的大门徐徐打开。而后天地万物都在他闭上眼睛时，归于岑寂。历史，总叫人这般遗憾。

然而，也不必伤感，一卷《稼轩词》，已诠释了他的一生，道尽了他追而不得的梦想，替他赢得了"飞将军"的名衔。

后人该庆幸，辛弃疾留下了这样一部融合血与泪、交织悲情与豪放、汇集铁血与柔情的词卷，让我们喟叹、激动、惊奇，也让我们感慨、流泪、惋惜。